英語学習論

スピーキングと総合力

青谷正妥

【著】

朝倉書店

誰のための本か

　この本は，筆者の蓄積された知識と方法論と具体例の組織的な総まとめです。脳内に様々な形で格納された英語学習者・教育者としての知識・経験を書き出すことにより，現時点での青谷正妥の英語のすべてを，一冊の書籍にまとめました。百科事典的に内容を整理して読者がアクセスしやすい形にまとめた本書は，自らの来し方と現在の立ち位置を検証し，行く末に関する指針を得るための手引き書です。対象として意識したのは二つの読者層です。

英語学習者
　これは学習者のための訓練の指南書です。筆者の英語学習歴を凝縮した本書は，少なくとも方法論に関しては筆者が45年かかって確立した効果・効率追求学習法の獲得を，数日の読書で可能にしようとする試みです。大人の英語学習がどういうものであるかを理解し，英語学習の難しさを十二分に自覚し，各練習メニューの裏にある理由を熟知することによって動機も向上し，学習継続力も増大します。さらに英語学習そのものを理解することによって，自らの学びの形を作ることができるのですが，受験勉強に始まって，どのような勉強でも，基礎を押さえたうえで自分に合ったやり方を見つけるのが成功の鍵です。日本人がぼんやりしている間に，世界のノンネイティブの英語力はとんでもないレベルに達しています。大卒であれば「教養のあるネイティブスピーカーと対等に会話ができる」のが国際的には当たり前なのです。そういう上級の英語力が身に付くまで，読者の手を引き背中を押すのが本書の目的です。

英語教育者・英語教員養成者
　英語学習者ですら，第二言語習得に関する専門的知識をある程度持つべきなのですから，英語教育者はなおさらです。しかし，小中高をはじめ現場の教員が第二言語習得研究の最前線の論文を読み続けることは，時間的にも不可能でしょう。そこで語り部の青谷が，Reader's Digest のように第二言語習得の全容をプレゼンテーションスタイルにまとめたのが本書です。現役の英語教員のみならず，英語教員を目指す大学生・大学院生や彼らを指導する先生方，さらに第二言語習得分野の講義を受け持つ先生方のための教科書・副読本という使用法も視野に入れて執筆しました。

他書との違い：なぜこの本か

「また英語学習書？」とうんざりしているあなた，筆者の主張を聞いてください。

1. 英語教育の実践者かつ研究者の書

筆者は京都大学で英語を教えつつ，応用言語学者・数学者として第二言語習得そのものを科学的に研究し，実践を通してより良い学習法・教育法を追求している。理論と実際の融合が効果と効率を高める。

2. 卓抜した筆者の英語力

TOEFL iBT 120 点，TOEFL CBT 300 点，TOEIC 990 点（すべて満点）。アメリカ生活 20 年の間に，英語で学び，教え，働き，生きた英語に触れ続けた。GRE Verbal 89%。英語検定は渡米前より 1 級であった。

3. 典型的な日本人の英語学習を熟知

受験勉強はしたが英語嫌いだった筆者。大学で英語の重要性を知り，2 年間で TOEFL PBT 620 点と英語検定 1 級をとって留学した。典型的な日本人にとって「英語を学ぶ」とはどういうことか，熟知している。

4. 納得ずくの学習をささえる

英語運用力の本質と学習フレームワークを説明し，具体例で各訓練の位置づけを明確にするのでマニュアルの模倣をこえた納得ずくの自分の勉強法を編みだすことができる。

5. 意見ではなく科学的事実を記載

この本の内容は一教育者・学習者の個人的な感触や意見ではない。言語学はもとより，脳科学・統計学などの現代科学によって検証済のデータや確立された事実であり，主観的な判断は極力さけている。

6. 英語学習の困難さに正直

聞き流し，数週間で完成，赤ちゃんと同じ吸収学習，そんなウソはいっさいなし。効率追求の中で英語の難しさに真っ向からとりくむ 10 年・1 万時間の本気学習を提唱。筆者自らの誤りも教材として Web で公開している。

7. 一冊で最新情報をすべてカバー

第二言語習得の理論と実践の最前線を語り部の筆者がコンパクトにまとめた。多忙な英語学習者・教育者のために，最新論文を含むありとあらゆる文献のエッセンスをダイジェスト版で有機的なつながりの中で分野横断的に紹介している。

はじめに

　赤ちゃんの聴覚は，生後6か月程度ですでに母語に特化し始め，外国語の音は苦手になるそうです (Jusczyk, 2003, p. 65; Werker & Tees, 1984)。小学校1年生から英語で教育を受けた移民の子どもは，4から7年かからないと勉強に十分な英語力が身につかず，中学卒業時点でもネイティブに追いつけないのは普通だとのデータがあります (Hakuta, 2000)。10年以上スウェーデンに住んだスペインからの移民195名（内53名は5歳以下で移住）の内，スウェーデン語が真にネイティブ並だったのはわずか3名でした (Abrahamsson & Hyltenstam, 2009)。同じ印欧語族のスペイン語とスウェーデン語でこれですから，まったく語系の違う英語を学ぼうとする日本人が直面する困難は計り知れません。とりわけ，これらの調査・研究は，その言語が使われる環境の中で生活することによって完璧な修得を完結させるという一番自然で簡単で楽な道は，ゼロ歳児のみの特権であり，ほとんどの英語学習者にとっては，永遠に閉ざされてしまっていることを示唆します。生物学的な老化が始まるはるか以前に，脳の他の部分がいまだ発達途上の段階で，生来の言語習得能力は退化・消滅しているのです[1]。厳密に生後何か月でその線引きをすべきかについては個人差もあるかと思いますが，典型的な外国語学習者のほぼ全員が，生物学的年齢の如何にかかわらず，意識的勉強を必要とする「大人の学習者」です。しかも，この「大人の英語学習」は，自然でも簡単でも楽でもありません。外国語修得の研究で世界的に有名なハワイ大学のBley-Vroman先生は，大人の英語学習の最大の特徴として，「成功が約束されない」こと，もっと厳しく言えば大体失敗すること，および「完全な修得はできないこと」を挙げておられます (Bley-Vroman, 1990,

---

[1] 実は，言語以外の能力であれば，大人も子どもと同等かそれ以上に身につける力があることが分かってきています。しかも，言語能力の多くは言語に特化したものと言うよりは，より一般的なスキルの言語への応用に過ぎません。ですので，多くの学者が声高に叫ぶほどには，悲観しなくても良いのかも知れません (Ferman & Karni, 2012)。でもやっぱり，どう考えても子どもは違いますよね。

pp. 6-7)。普通は成功し，しかも完全な言語能力の獲得が当たり前の母語の修得との違いはあまりにも大きいのですが，このように正に異様に難しい大人の外国語学習ですので，計算しつくされた学習戦略とその戦略を実践する不屈の精神が肝要です。

　本書はそういう困難を極める大人の英語学習の手引き書で，その最大の特徴は，「話し言葉」，つまり「英語を話すこと」（発話）と「英語を聞くこと」（聴解）を中心にすえていることです。特に日本人の場合には英語を使う機会が非常に限られており，スピーキングが最大の難関なので，「話す練習」を英語力養成の基礎的必須訓練と考え，「話す力」に英語の運用力全体を牽引させるというフレームワークになっています。3部構成で，第Ⅰ部が英語学習，特に大人の英語学習の概要，第Ⅱ部が具体的学習法，そして第Ⅲ部がヒトの言語における話す・聞くの優位性です。第Ⅰ部の解説に基づいて，納得ずくで第Ⅱ部の学習に取り組んでいただくことと，第Ⅰ部で得られた大人の英語学習についての知識を駆使し，第Ⅱ部の具体例に導かれて，自らの学びを構築していただくこと，さらに話す・聞くの優位性を第Ⅲ部で十二分に理解して頂いて，この本の唱道するやり方の正しさを確信し，学習・教育の動機の向上を図ることが3部構成の理由です。第Ⅲ部は英語運用力の養成そのもののためには不要で，そういう意味では英語学習者には参考情報とも言えますが，ぜひ一読をお願いします。納得と確信が継続学習を助け，自分仕様の学習法は効率学習につながります。

　半世紀前には存在しなかったと言って良い英語などの第二言語習得の研究は，過去2, 30年で長足の進歩を遂げました。統計処理技術が向上し，脳科学などの知見も加わり，定性的・感覚的な理解が定量的・科学的な理解に変わりつつある現状，第Ⅰ部と第Ⅲ部では，そういう内容のすべてを，理学博士（数学）・教育学博士（英語教育）の筆者がしっかりと咀嚼し，解説しました。第Ⅱ部は京都大学の英語の授業で，また学生の自学自習において，実際に結果を出している学習法です。知的財産と呼ぶような大袈裟なものではありませんので，教材も Web 上で公開しています。英語学習・教育に関する最前線の研究に基づいた学習法を，皆さんの運用力養成に是非お役立てください。

　なお，すでに気づかれたと思いますが，文献を多数引用しています。その目

的は，さらに深く詳細を調べたい，また出典を知りたいという読者の方々の便宜を図ること，また筆者の主観や意見ではなくそれなりに認められた研究の成果・結果であることを示すことです。また，この本を第二言語習得や英語教育関連の講義の教科書・副読本として使って下さる先生方には文献リストが非常に役立つと思います。意図的に最新の論文や過去の代表的な論文を選んであり，網羅的なリストアップを避けています。第二言語習得研究の全体を鳥瞰していただきたいからです。もちろん，これらの文献をすべて無視して本文だけを読み進んでいただいて，まったく構いません。そのつもりで必要な文献の主旨は必ず本文内で要約紹介しています。

著者記す

目　　次

第 I 部
英語運用力の本質と学習戦略　　　　　　　　　　　　　　　1

1.1　知識の二重螺旋：宣言的知識と手続き的知識 …………………… 2
　　● 宣言的知識のみを失う記憶喪失症　　7
1.2　流暢さと自動性 ……………………………………………………… 10
　　● 2種類の流暢さ：fluency と FLUENCY　　10
　　● 自動性：究極の流暢さ　　12
1.3　流暢さ養成の 4 要素 ………………………………………………… 14
　　(1)　十分な宣言的知識　　15
　　(2)　大量学習　　16
　　(3)　反復学習　　17
　　(4)　時限訓練　　20
　　　　　上限の設定／下限の設定
1.4　熟成から覚醒へ ……………………………………………………… 22
　　● 熟　成　　22
　　● 量子飛躍　　23
　　● マスキング　　25
　　● そして覚醒へ　　25
1.5　記憶について：心理学の領域から ………………………………… 29
　　● 処理の深さ：Levels of Processing（処理水準）　　29
　　● 利用しやすい記憶：Transfer Appropriate Processing（転移適切性処理）
　　　　30
　　● 記憶の違いを判断：Distinctive Processing（示差的処理）　　31
1.6　英語教育・学習の四重螺旋 ………………………………………… 33
　　(1)　Meaning-Focused Input（意味重視のインプット）　　34

(2) Meaning-Focused Output（意味重視のアウトプット） 35
(3) Language-Focused Learning（言語形式の学習） 37
(4) Fluency Development（流暢さの養成） 38
1.7 精と多の二重螺旋 ………………………………………… 40
1.8 弱点の脳内データベース：DEAR と拡張 DEAR ……………… 41

第 II 部
結果を出した学習法　　　　　　　　　　　　　　　45

2.1 大人の英語学習：「かくしき」を重んじる …………… 47
2.2 語彙の強化 ………………………………………………… 49
2.3 聞　く ……………………………………………………… 51
- ステップ 1：教材選択　53
- ステップ 2：リスニングの第 1 ステージ（「全体」を聞く）　57
- ステップ 3：リスニングの第 2 ステージ（「部分」を聞く）　58
- ステップ 4：リスニングの第 3 ステージ（スクリプトの使用）　59
- ステップ 5：リスニングの第 4 ステージ（聴解の仕上げ）　61
- 番外：スクリプトのない教材　61

2.4 読　む ……………………………………………………… 70
- 多　読　71
- 精　読　73

2.5 話　す ……………………………………………………… 76
- 「話す」の 4 側面　77
- Levelt の発話モデル　78
- 発話のための内容の仕分け：Thinking for Speaking Filter（ThiS）　80
- スピード・正確さ・構文の高度さ：Fluency, Accuracy, Complexity　82
- 発声法：Articulation　83
- (1) 15/45 Exercise（時限訓練 15/45（fiftí:n/fɔ:tifáiv））　85
  - Type I: Topic 1／青谷の具体例／Type I: できる学生の例／Type II: Topic

159／ある程度できる人／発展途上の人／Type II: 発展途上の学生の例
　　　(2)　Free Translation（意訳・略訳・概訳・ズレ訳・自由訳）　93
　　　(3)　Picture Task（絵の描写）　97
　　　(4)　Oral Composition（口頭作文）　99
　　　(5)　Summary Task（要約）　101
　　　(6)　Pair Work（二人で練習）　102
　　　(7)　Write and Speak/Write to Speak（作文をもとに話す）　103
　　　(8)　Recording（録音チェック）　104
　2.6　書　く ·· 106
　　　(1)　和文英訳ではなく課題作文　106
　　　　　具体的なトピック／包括的なトピック
　　　(2)　ライティングとスピーキング　109
　　　(3)　他人の間違いから学ぶ　112
　2.7　スピードの目安：ネイティブ vs. ノンネイティブ ················ 112

第 III 部
言語の進化と脳科学から見た「話す・聞く」の優位性　　115

　3.1　ヒトとことば：言語の起源・進化 ································· 116
　3.2　なぜスピーキングか？ ·· 118
　3.3　話し言葉の優位性 ··· 120
　3.4　スピーキングとリスニングの連携 ································· 122
　3.5　音声言語知覚の運動理論 ·· 124
　3.6　難しい音の聞き取りとスピーキング回路 ······················· 125
　3.7　スピーキングとリーディング ······································· 126
　3.8　視覚情報より聴覚情報 ··· 127
　3.9　難読症と音韻処理の欠陥 ·· 129
　3.10　手話も話し言葉 ··· 130
　3.11　ネイティブも音韻情報にたよる ··································· 132
　3.12　書き言葉の話し言葉への影響 ······································ 133

3.13 思考・概念と言語 ……………………………………… 134
- 熟考に言語は必須　135
- 言語は「言葉足らず」　135
  豊かな思考と貧しい言語／速い思考と遅い言語
- 影響しあう言語と思考　138
  言語構造をきめる思考・概念の形態／思考に影響をあたえる言語／Sapir-Whorf の極端な仮説

おわりに　143
References　146
索引/Index　159

こんな話

"It's a cookbook."	5
三単現の s	5
「言語遺伝子」なるもの	9
脳は莫大なエネルギーを消費する	14
単語と文で違う脳の関与	19
Expertise（熟達・熟練）	26
DNA の四重螺旋	40
恥部も患部も曝け出す	46
"I think the"	48
聴解ほど難しいものはない	64
たかみなとカツ丼を食べた	78
「通じれば良い」は通じない	114

第 I 部

英語運用力の本質と学習戦略

1.1　知識の二重螺旋：宣言的知識と手続き的知識
1.2　流暢さと自動性
1.3　流暢さ養成の4要素
1.4　熟成から覚醒へ
1.5　記憶について：心理学の領域から
1.6　英語教育・学習の四重螺旋
1.7　精と多の二重螺旋
1.8　弱点の脳内データベース：DEAR と拡張 DEAR

「日本人は中高6年間も英語を学ぶのに、なぜ使えないのか」とは、今では陳腐にしか聞こえない疑問ですが、これに答える作業から話を始めましょう。理由は二つあります。

まず一つ目は非常に単純。母語話者は小学校入学までに17000時間以上の英語に触れ (Morley, 1991, p. 318)、大学に入学するまでに50000時間の英語経験を積むとされるのに対し (竹蓋, 1997, p. 40)、日本人は中高で3000時間の英語に触れるだけだと言われています。つまり、「中・高6年間もやったのに英語ができない」のではなく、「6年間しかやらなかったから英語ができない」のです。ちなみに、数学なども同じで、ごく少数の才能のある人間だけが小中高で学んだだけでできるようになります。英語も数学も日常生活からかけ離れたものですので、そんなに簡単にできるという考えそのものが文字通り考え違いなのです。

理由の二つ目はもっと深い話で、言語能力のみならず人間の知識と技能の全般に関わる重要な内容ですので、独立したセクションとしました。

知識の二重螺旋：宣言的知識と手続き的知識

2本の相補的関係にある高分子の鎖が螺旋状に絡み合ったDNAのように[1]、知識にも相補的な二つのタイプが存在し、両者ともに言語学習を含む人間活動に必要不可欠だと考えられています。一つは言葉で内容を説明できる**宣言的知識**（declarative knowledge）、もう一つは言葉では説明できないが確かに脳内にある**手続き的知識**（procedural knowledge）です。宣言的知識はexplicit knowledge（形式知・顕在知）、手続き的知識はimplicit knowledge（暗黙知・潜在知）と呼ばれることもあります（宣言的知識と形式知、手続き的知識と暗黙知を区別する学者もいます）。

たとえば、自転車の各部の名前を知っていれば、「これはブレーキ」「これはチェーン」と明確に口頭で説明できますね。したがってこれは宣言的知識です。

---

1) もっと"人文系"の例もちゃんとありますよ。大阪城の天守閣の上りと下りが分かれた二重螺旋階段がそれです。

一方，自転車に乗れる人は，確かに乗り方を知っているわけですが，「バランスを取れ」とか，「こぎ続けろ」とか，曖昧なことは言えても，乗り方を明確に言葉にすることはできません。それは，これが手続き的知識だからです。こういう理由で，英語では宣言的知識を"knowing that"とか"knowing what"，対して手続き的知識を"knowing how"と表現することがあります。

　ほとんどの読者は，「それは『技能』であって『知識』ではない」と感じられることでしょう。しかし，自転車に乗れるのは，脳がどういう場合にどんな筋肉にどんな指令を出せば良いか，またどのように現状（この場合にはバランスや道の状況）を連続的にモニターして体・自転車をそれに対応させていけば良いかを知っているからであって，それがどういう形であれ，知っていることは「知識」であるとの考えで，手続き的「知識」という名前で呼んでいます。さらに，技能と言った場合には，様々な材料の強度や重量に関する宣言的知識を駆使して機械を組み立てるエンジニアのように，注意深くプロセスの各段階をしっかりと意識しながら何かを達成する場合も含まれると思いますが，**手続き的知識は「立ち止まって考えなくても，はっきりとプロセスの詳細を意識しなくてもできる」レベルを約束する知識**です。ですので，第一近似としては，宣言的知識・手続き的知識を知識・技能と考えても構いませんが，実は技能は手続き的知識の上位集合（superset）なのです。

　英語の場合ですと，三単現のsがこの良い例になります。「He, She, Itをはじめ，主語が三人称単数の場合には，comesのように動詞の現在形にsがつく」という知識は，明らかに言葉で表せる宣言的知識です。これに比してたとえばネイティブスピーカーは"He comes here every afternoon."などと言う場合に，決して文法の知識に基づいて意識的にcomesに到達しているのではありません。だからこそ，文法の存在すら知らない5歳児でも，自然に正しい使いわけができるのです。他方受験生は間違い無くこの文法事項を100％暗記していますが，2,3分間でも話したり書いたりしてもらうと，例外なくほぼ100％の確率でこの三単現のsの間違いがいくつも出て来ます。連続的なアウトプットが相当のスピードで要求される状況では，宣言的知識では間に合わないからです。ネイティブスピーカーの英語力は，日本人の日本語力と同じく，言語の手続き的知識があって初めて達成されるのです（Towell, Hawkins, & Bazergui, 1996）。

ネイティブスピーカーのコミュニケーション力を可能にする手続き的知識のさらなる威力は一般化可能性（generalizability）・柔軟性（flexibility）・汎用性（universal applicability）です。宣言的知識は knowing what で，what を獲得するだけですので，せっかくの知識もその what 以外には使えません。しかし，手続き的知識は，より抽象性の高い how（やり方）の領域に属しますので，一般化（generalize）しやすく，使用に柔軟性が出ます（flexible）。その結果様々な状況で使用することができるのです（universal）。Universal（普遍的）とは大げさだと思われるかも知れませんが，たとえば小説家が誰も使ったことのない表現を急に使えたりするのも，この手続き的知識の魔力であり，手続き的知識の集合体は「英語とはどういうものであるのかを知っている」というもっと大きな知識につながるという事実を考えると，あながち大風呂敷でもないのです。英語に

> Give a man a fish, and you feed him for a day. Teach a man to fish, and you feed him for a lifetime.（魚をあげれば 1 日分の食糧になる。魚の釣り方を教えてあげれば，一生食べられる。）

という表現がありますが，ある意味，宣言的知識の獲得は魚を一尾ずつ手に入れること，対して手続き的知識の獲得は魚の釣り方を学ぶことと言えます[2]。

さて，これらを，日本のいわゆる学校英語と比べてみましょう。先生が言葉で説明してこそ授業ですので，仕方のない面は大いにありますが，**訳読法（Grammar Translation Method）に代表される日本の学校英語は言葉で説明できる宣言的知識が圧倒的です**。真の言語能力は，ことばではやり方が説明できない手続き的知識なのですから，これでは英語ができるようになる訳がありません。そもそもネイティブの英語力が宣言的知識の産物であるならば，アメリカ人に英語の話し方を逐一説明してもらって箇条書きの英語使用レシピを作り，それを料理本のようにそのまま暗記・実行すれば良いだけですので，外国語使用にここまで苦労することもありません。ただし，言語能力のすべてが手続き

---

[2] これはもともと「授人以魚 不如授人以漁」（「魚を与えるのではなく，魚の釣り方を教えよ」）との老子の言葉から出たものらしいのですが，多くのアメリカ人がそうであるように，青谷も英語圏発祥のことわざだと勘違いしていました。

的知識だというわけではなく，スペルと発音と意味をセットで脳内に格納する語彙（vocabulary）は母語話者でも宣言的知識です（Paradis, 2009, pp. 6,12,16）。ついでに，その語彙の格納庫へのアクセスは手続き的知識によるものです（Paradis, 2009, p. 6）。これが理由で，語彙へのアクセスは脳の言語システムの一部だが，語彙の格納庫そのものは，より一般的な脳の認知機能の一部にすぎないと考えられることもあります（Paradis, 2009, p. 15）。

こんな話

"It's a cookbook."

「英語使用レシピ」という表現を使いましたが，料理のレシピ本に関して "It's a cookbook." という比喩的表現があり，これはやり方が項目ごと，ステップ順に示されていて素人でもその通りやればそれなりの結果が得られる本や説明書を指します。また，これと完全に同じニュアンスではないかもしれませんが，学生用語として実験のマニュアルを cookbook と呼ぶことがあります。

こんな話

三単現の s

実は三単現の s はそれほど単純な文法事項ではないらしく，スペイン語話者が英語を学ぶ際には，『複数形→進行形の ing → be 動詞→冠詞→不規則動詞過去形→三単現の s』の順で難度が上がるとか（Cook, n.d.; Dulay & Burt, 1973），日本人と中国人の成人英語学習者は同じ s でも『複数形の s →所有格の s →三単現の s』の順で，間違える確率が高くなるとか，（Myers-Scotton, 2002; Wei, 2000），アメリカ人の子供が三単現の s から主語に関する情報を正しく得ることができるのは 6 歳になってからだとか（de Villiers & Johnson, 2007; Soderstrom, 2008），この三単現の s がかなり厄介な代物であることを示唆する様々な研究結果があります。

さらに、ネイティブスピーカーでも習得は『進行形の ing →複数形→不規則動詞過去形→冠詞→所有格の s →規則動詞過去形→三単現の s』の順で (Roger Brown, 1973; Cook, n.d.; Kies, n.d.)、三単現の s は少なくともこの中では最高難度です。ちなみに、このような順序は developmental sequence（発達順序）や natural sequence（自然な習得順序）と言われ、できるだけこの順序で教える・習うのが効果的だとも言われています。こういう話に興味がある人は Kwon の論文の Introduction のセクションなどを見てください (2005)。

なお、宣言的知識にせよ手続き的知識にせよ、人間が記憶を作る活動はほとんどが無意識の内になされるものであり (Hunt, 2012, p. 1)、単語帳を使って英単語を覚える場合のようにはっきりと意図的な活動は例外です。たとえば、どこのなんという名前の小学校に通ったかというのは、絶対に宣言的知識ですが、意図的な努力によってその記憶が生まれたわけでは、これまた絶対にありませんね。この事実は、何気ない聴解・読解活動でも無意識の内に語彙のような宣言的知識構築に貢献するという歓迎すべき事実を示唆します。もう一つの歓迎すべき事実は、既得記憶がさらなる記憶の処理・獲得を助けることで (Hunt, 2012, p. 1)、蓄積された記憶には新たな記憶を容易にする触媒作用があるので

Table 1 宣言的知識と手続き的知識の特性

宣言的知識（declarative knowledge）	手続き的知識（procedural knowledge）
意識的努力により獲得・蓄積・保存できる*	付随的に気づかぬうちに獲得・蓄積・保存される
短期間に獲得可能	獲得に長期間を要する (Paradis, 2009, p. 95)
海馬系 (hippocampal system)、連合皮質 (associative cortex)、海馬傍回 (parahippocampal gyri)、内側側頭葉 (medial temporal lobe)、前帯状皮質 (anterior cingulate cortex) がつかさどる (Paradis, 2009, p. 145)	小脳 (cerebellum)、線条体 (striatum)、皮質領域 (cortical area)、新線条体 (neostriatum)、基底核 (basal ganglia)、傍シルビウス裂皮質 (perisylvian cortical areas) が関わる (Paradis, 2009, p. 145)
明示的・可視的内容に止まる傾向	暗示的内容・深層構造にも関わる
意識的に制御・使用できる	自動的に制御・使用される

＊ 宣言的知識の獲得・蓄積・保存は、意識的「にもできる」のであって、意識的に「しかできない」わけではありません。

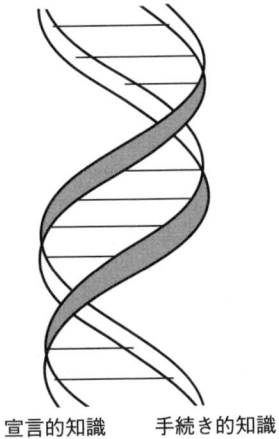

　　　　　宣言的知識　　手続き的知識

Figure 1　知識の二重螺旋：宣言的知識 vs 手続き的知識

す。実際は，多くの記憶が蓄積されるころには獲得しやすいものは獲得されつくしているので，新たな記憶獲得の困難さを蓄積された記憶が緩和する程度にとどまるのですが。

　宣言的知識と手続き的知識の特性をまとめておきましょう（Table 1）。

　この表から明らかなように，宣言的知識と手続き的知識とは，完全に別物で，これらの違いを「宣言的知識は学ばれ（learned），手続き的知識は獲得される（acquired）」と描写することもあります（Figure 1）[3]。

◉ 宣言的知識のみを失う記憶喪失症

　宣言的知識と手続き的知識の違いがはっきりと表れる例として前向性記憶喪失症（anterograde amnesia）という症状があり，患者の大部分が手続き的知識

3）青谷の学士号は化学だったのですが，化学専攻の人間なら皆が知っているラセミ化（racemization）という現象があります。非常に単純に説明すると，右手と左手のような鏡像関係にある化合物（鏡像体）において，両者が1：1の比で存在するように，もしくは片方の過剰率が減るように，右が左または左が右に変化することです。これにかけて，宣言的知識と手続き的知識の二重螺旋のバランスが取れていることを，Racenization（螺旋化）と呼んでいます。ちなみに，この左手と右手ですが，タンパク質のもとになるアミノ酸はL型とD型という鏡像体を持つのに，地球上の生命体はL型のみからできています。これをマクロレベルで解釈すると，左利きの人が絶対にいない社会のような不可思議さで，「進化の過程においてミクロの決死圏の戦いでLが勝った」とか「素粒子物理の対称性非保存（parity violation）の原子・分子レベルでの発現だ」とか，にぎやかな議論が展開されています。ただし，青谷はほぼ両手利きですから，左右のどちらが勝ってもいっこうに構いません。

は身につくが宣言的知識が頭に入らなくなります。「前向性」とは，発症前（後方）の宣言的知識は残るという意味です。これを前述の自転車に例えると，練習すれば乗れるようになるが，それが自転車と呼ばれることも，自分が練習したという事実も分からないという，健常者には想像すらできない状況が生じることになります。

　有名な例としては，多くの教科書にPatient H.M.として出て来るHenry Gustav Molaison（February 26, 1926 - December 2, 2008）(Scoville & Milner, 1957) や，過去の記憶も消える逆行性記憶喪失症（retrograde amnesia）も併発したClive Wearing（May 11, 1938 -）という音楽家 (Wearing, 2006) や，E.P.としてのみ知られる患者さん (Stefanacci, Buffalo, Schmolck, & Squire, 2000) がいます (Wikipedia contributors, n.d.-b)。Patient H.M.は新しい単語が覚えられなかったり，数分前の出来事が思い出せなかったりしましたが，新しい技能を獲得することはできました。Clive Wearingは，ヴィルスによる脳へのダメージで，新しい宣言的知識が身につかなくなったのみならず，過去に蓄積した宣言的知識も失いました。しかし，ピアノを弾くことも指揮者として機能することも以前のようにできました。つまり，蓄積した手続き的知識はダメージを受けなかったのです。ただし，自分がピアノを練習したという過去の事実の記憶はまったくありませんでした。最後のE.P.は，表面上は宣言的知識と同等に見えるものを健常者とは違ったルートで獲得する例のようで (Bayley & Squire, 2002; Sharon, Moscovitch, & Gilboa, 2011)，宣言的知識と手続き的知識，また両者を獲得・蓄積するメカニズムの区別の難しさを表象するとも言われます (Sharon, et al., 2011)。ところで，興味深いのはE.P.の娘さんが言ったとされる以下の言葉です (psychonaut.com, n.d.)。「彼は永遠の今を生きている。過去は思い出せないし，未来を想像できない。だからストレスのない平和で大変幸せな生活だ。」未来を想像できないという状況の医学的・心理学的詳細は分かりませんが，僕のように2歳ごろの記憶すらあり，生物学から始まって化学・物理学を経て数学にたどり着く過程でありとあらゆる知識にさらされ，今は英語教育にも関わり，死ぬまでの青写真（未来予想図）をはっきりと持っている人は，ストレスと不幸の灼熱地獄のような人生なのかも知れません。本人の自覚しているところではまったくないのですが（苦笑）。

1.1 知識の二重螺旋：宣言的知識と手続き的知識

こんな話

「言語遺伝子」なるもの

　14, 5年前から，世間を騒がせている「言語遺伝子」なるものがあります。その中でも最初に見つかったこともあって，一番有名なものはFOXP2遺伝子（forkhead box protein P2というタンパク質の遺伝コード）と呼ばれるものですが，これが機能しないと手続き的知識の獲得に支障をきたし，母語が英語でも宣言的知識に頼って学ばねばならないとも言われています（Liegeois, et al., 2003; Paradis, 2009, pp. 10-11; Paradis & Gopnik, 1997; Tomblin, et al., 2009; Ullman & Gopnik, 1999）。実際，この障害を有名にしたのはKE familyと呼ばれるイギリス人の家系の研究でした。他の遺伝子も含め，その後の展開についてはFischer and Scharff (2009), Newbury and Monaco (2010), Newbury, Fischer, and Monaco (2010)の論文を見て頂きたいですが，FOXP2は決してマスコミが騒いだようなピンポイントの「文法遺伝子」ではありません。これは転写（transcription：DNAを読み取る際に最初に必要となる情報書き写しステップ）を制御するタンパク質に関わるもので，ありとあらゆる遺伝子の発現に影響を与え，その中には，腸の発達のように言語能力に直接関係がないものも多々あります（Paradis, 2009, p. 11）。つまり，必ず言語能力に欠陥が出るわけでもないのです。その理由は，おそらく変異の仕方が多岐にわたるからであろうと考えらえています。ただ，変異の仕方が言語能力に影響を与える場合には，手続き的知識の形成・獲得に障害が出るようで，発話をつかさどるBroca's area（ブローカ野）(Liegeois, et al., 2003; Marcus & Fisher, 2003, p. 262) や，他にも言語活動に関与するbasal ganglia（基底核），putamen（被殻：基底核の一部）(Liegeois, et al., 2003; Watkins, et al., 2002, p. 475), cerebellum（小脳）(Liegeois, et al., 2003; Watkins, et al., 2002, pp. 475-476) などでの異常が確かめられています。

　既述のごとく日本人が流暢な英語を使えないのは，手続き的知識がないからですが，そもそも流暢さとは何でしょうか。主に手続き的知識の産物である流暢さの実態が次節の課題です。

 **流暢さと自動性**[4]

● 2種類の流暢さ：fluency と FLUENCY

　まず「英語がペラペラ」と単純で素っ気ない表現で片付けられてしまうことの多い流暢さの本質に迫りましょう。学習者の流暢さには少なくとも二つの種類があり，これらを僕は fluency と FLUENCY と大文字・小文字で区別しています。FLUENCY は fluency の進化形です。典型的な英語学習者の英語力は，

① どれだけの英語を学んだか
② 学んだ英語をどれだけ使いこなせるか

の二側面から測ることができ，①は主に宣言的知識で②は手続き的知識と考えることができます。対戦型ゲームに例えるならば，①は兵器や人員などの現有戦力で，②は実際にその現有戦力を活用する能力と考えれば良いと思います。このフレームワークでは，小文字のほうの **fluency** は，②の「現有戦力を最大活用する能力」です[5]。では FLUENCY はどうでしょうか。一つの考え方として習熟（proficiency）を流暢さと同等のものと見ることができ，これが「大卒のネイティブスピーカーと知的な会話が支障なくできるレベル」を目指す本書の定義する **FLUENCY** です。すなわち，年齢や学歴に相応の単語・表現・文法の知識があり，さらにそれらを使いこなしてネイティブスピーカーとほぼ対等にコミュニケーションが取れてこそ本物の流暢さ（FLUENCY）という考え

---

4) 日本語で「流暢」と言えば，「言葉が滑らかに出てよどみないこと。また，そのさま。『―な英語で話す』」（デジタル大辞泉）や「言葉づかいがすらすらとしてよどみのないこと。『―に英語を話す』」（広辞苑）に明らかなように，話すさまを表します。英語で流暢な，流暢に，流暢さは，それぞれ fluent, fluently, fluency なのですが，こちらの方はすらすら感があれば読む，書く，聞く，話す，のすべてのスキルに使うことができます。そこで，表現がややこしくなるのを避けるために，本書では「流暢」を四技能すべてに使わせていただきます。流暢の「暢」を漢和辞典で調べると，「さまたげるものなくのびる」と書いてあるので，そんなに法外でもありませんが，実はちょっと心が痛みます。

5) Hulstijn (2007) は，量（quantity）と質（quality）という言い方でこれとよく似た英語力の描写をしています。量とは知っている英語の量，質とはその知識の正確さと使用の流暢さです。

です。Ellis (2009, p. 338) も習熟のレベルを英語についての知識と，その知識を使いこなす能力のレベルと説明しており，これはまさに宣言的知識と手続き的知識を統合的に使用する能力，つまり上記の①と②，に他なりません。特に上級の学習者においては，明確な論旨の展開を含む内容のある話をする能力や話全体を組織的にまとめる能力などのセンテンスレベルを超えたよりマクロな力も fluency の大切な一面となります。なぜなら究極の流暢さである FLUENCY がそれらの能力を要求するからです。ただし，このマクロな能力に関しては，言語横断的（cross-linguistic）な性格も強く，日本語でこういう力があれば，かなりのレベルまで英語に移行可能ですので，完全にゼロからの出発というわけではありません。

　英語学習者・教育者が是非心得ておくべきことは，現有戦力の宣言的知識に見合った fluency を常に獲得し，宣言的知識と手続き的知識のバランスをはかりながら FLUENCY に近づいていくのが一番効率の良い方法だということです（Figure 2）。fluency があれば，すでに獲得した宣言的知識の理解も深まり，それが更なる宣言的知識の獲得に触媒作用を及ぼすからです。そういう意味でも，**もっぱら宣言的知識のみを優先的・排他的に獲得させる日本の典型的な英語教育は非常に非効率的**であると言わざるを得ません。

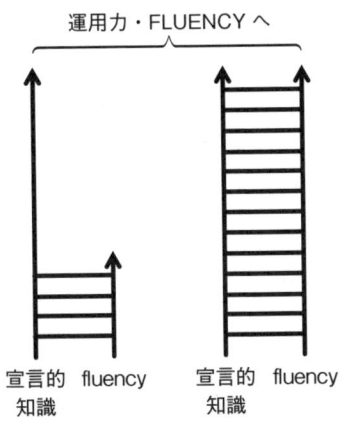

Figure 2　宣言的知識（現有戦力）と fluency（現有戦力の最大利用）のバランスがないと英語運用力のはしごをのぼれません。

● 自動性：究極の流暢さ

FLUENCY と fluency の究極は自動性（automaticity）です。自動性とはその名の通り懸命に努力しなくても考えが自動的に言語化できることで，難しい内容でなければ，ネイティブスピーカーには当然の能力です。自動性を定義・描写する 14 の基準の網羅的なリスティングは DeKeyser (2001) に出ていますが，もっと分かりやすいのは Segalowitz (2003) のリストで，

 fast（処理が速い）
 ballistic（止められない）
 load independent（情報処理量に影響されない）
 effortless（努力を要しない）
 unconscious（無意識的）

が自動性の証だとしています。この内 load independence に関しては，Kormos (2006, p. 40) が十分な証拠がないとしていますが，ballistic, effortless, unconscious は一般に受け入れられているようです。また，処理速度に言及する fast に関しては，automatic processing（自動処理）の対極に位置する controlled processing（制御的処理：ここでは意識的な制御）でも繰り返し練習すれば速くなるので，これだけで automaticity が「自動的」に保証されるわけではありません。速いが意識的に統制のかかっている処理は行動主体の努力を要求しますし，止めようと思えばいつでも止められますので，effortless でも ballistic でもないからです。さらに，たとえ処理速度が同じでも，自動処理は水面下で整然と組織化されていて，制御的処理より間違える確率がずっと低いことも分かっています (Paradis, 2009, p. 32)。Paradis は，ネイティブスピーカーのように能力が手続き的知識として内在化[6]される (internalized) と，間違いは 1, 2% だと言っています (Paradis, 2009, p. 30)。彼は学習者の間違いレベルの顕著な例として 35 から 40% という数字すら使っていますので，その違いは歴然です (Paradis, 2009, p. 30)。

 「速くて努力を要せず無意識的で止められない」言語処理能力である自動性は，並列処理能力にもつながります。次を考えながら話したり，講義を理解しながらノートを取ったりするのは，ネイティブスピーカーにとっては当然の並

列処理ですが，学習者にとってはかなりハードルの高い活動です．実際，京大生は考えながら意見を述べるような練習では，三単現のsの欠落や主語とbe動詞の不一致など信じられない誤りをいくつも犯します．3から5分の長文聴解からなるTOEFL iBTのリスニングでは，メモ取りが許されているのですが，多くの京大生が「内容を書いたら聞く方がお留守になるし，聞くのに集中すると，とてもメモを取る余裕はない」と嘆きます．

ネイティブスピーカーの語彙（vocabulary）に代表されるように，宣言的知識は当然必要ですが，英語使用が主に宣言的知識に頼った意識的制御の連続である内は，流暢でもないし，ましてや自動的言語使用は不可能です．自動的運用ができるまでは，スピードもなく，並列処理もできず，何より出て来る英語が英語らしくありません．使われるべき使用モードで英語を使っていないからです．いずれにせよ，原則として自動的で，時に意識的制御がいる程度であり，重労働でも苦役でもないのが人間の自然な言語活動です．そうでなければ，友達と毎晩3時間電話で話す女子高生などは大変な努力家またはM（masochist：マゾ）ということになりませんか？　まあ，それはそれとして，**自分が特別な努力を重ねることによって自分の脳が特別な努力をしなくても英語が使えるようになる**，それが自動性養成への道です．

言語に限らず，人間活動一般に言えることですが，表面上は同じ行動でも，習慣的・自動的にできるようになると，それをつかさどる脳内領域や神経系が大きく変化し，単純化されます（Morsella & Bargh, 2011）．意識的制御は脳のリソースをより多く要求しますので，日々の円滑な活動のためにはこの単純化は必須なのです．たとえば，つばをのみこむというような単純な動作でも，無意識の内にやる場合に比べ，歯科医院で「はい，つばをのみこんで」と言われて意

6）「内在化」という言葉は，「英語で考える」という表現とともに，様々な英語学習書に出て来ます．しかし，内在化の本当の意味を明確に説明している書物・著者は案外少ないものです．この疑問にここで最大限明確に答えておきましょう．言語に関する手続き的知識は脳内の言語システムの一部ですが，宣言的知識は言語に特化してはいない脳の一般機能にも頼ります（Paradis, 2009, p. 146）．「内在化」とは，学習者の英語使用力の当該部分が宣言的知識の支配をはなれ，手続き的知識となって言語システムの**内部に存在**するようになることです．言語システムは他の機能からほぼ隔離された堅牢なシステムなので，「内在化」されれば宣言的知識に頼ったパフォーマンスのように，非言語的要因（extralinguistic factors）の影響を受けません（Paradis, 2009, p. 30）．非言語的活動との並列処理などが可能になるのもこのためです．また，言語システムを使って言語を操るという，当然そうあるべき言語使用モードが確立されますので，自動性も保証されるのです．

識的にやる際には、はるかに多くの脳の領域が活性化されることが分かっています(Ortinski & Meador, 2004)。もちろんこれは歯科衛生士のおねえさんが可愛いからではありません（引用文献には歯科医院・衛生士の話はありません。これはぼくの妄想的脚色です）。

> **こんな話**
>
> **脳は莫大なエネルギーを消費する**
>
> 　心肺機能のような不随意筋がつかさどる多くの活動、手続き的知識が主導する言語活動の多くの部分、これらはすべて自然に無意識の内になされていますし、意識的活動よりエネルギー消費は低いのです。しかし、ベースラインとしての恒常的活動も多いからでしょうか、平均的な大人では脳でのエネルギー消費が全体の25％にも及ぶことがあるそうで、脳の急速な発達と恒常的使用が並行する新生児などでは、90％のエネルギーが脳関連だとされています (Eppig, 2011; Falkner & Tanner, 1986)。「頭を使って賢いダイエット」という宣伝文句に、実は生物学的裏付けがあったなんて、知らなかったでしょう？

自動性の養成について、もっと具体的な話をしましょう。

 ## 流暢さ養成の4要素

　ここにぼくが流暢さ養成の4要素と呼んでいるものがあります。ここでの「流暢さ」はFLUENCYの方、つまり語彙や表現や文法などの十分な知識があって、さらにそれをほぼ自動的に活用できること、既出のごとく大卒のネイティブスピーカーと対等にコミュニケーションが取れることです。4要素[7]は、

(1) 十分な宣言的知識
(2) 大量学習
(3) 反復学習
(4) 時限訓練

となります。

(1) 十分な宣言的知識

　単語や慣用句を含む様々な表現は，まず丸覚えから入るしかありません。一例として，単語はほぼ1万語必要だとされるのに対し，典型的な受験生は3000から4000語レベルの語彙です。表現については，はっきりとした目安は示しにくいのですが，「耐える＝ put up with」のようないわゆる受験熟語的な慣用句に加え，共起と呼ばれることもある前置詞と動詞や名詞のコンビネーション（go for a walk, go on a picnic, arrive at the airport, arrive in the US）や形容詞と名詞のコンビネーション（a good chance, a high probability）などの表現も，宣言的知識として身に付けておく必要があります。第Ⅱ部で詳述しますが，まず第一にこの宣言的知識のベースがないとインプット処理もアウトプットのための前処理もできないので，英語の練習が始まりません。さらに，幼児に比して英語学習における大人の唯一のアドバンテージは意識的かつ形式的学習を行う能力です。言語に関する手続き的知識の獲得には幼児期のような明らかな敏感期・最適期がありますが，宣言的知識一般にはアルツハイマーにでもならないかぎり，突出した敏感期はなく（Paradis, 2009, p. 114），特に文法など言語関連の宣言的知識の獲得なら，むしろ大人の方に分があります。大人の場合には英和辞書的な単語の丸暗記から始めるのが一番効率の良い方法ですので，ことこれに関しては入試が終わっても受験勉強的な猛勉強を続けてください。

　ちなみに語彙の研究の大家の一人である Paul Nation によると，リーディング（書かれた英語の理解）には 8000 から 9000 の word families，リスニング（スピーチの理解）には 6000 から 7000 の word families の知識が必要なようです（Hirsh & Nation, 1992; I. S. P. Nation, 2006）。大学生は 10000 の word families

---

7) 4要素の1と2は「**おおく**」，3は「**なんども**」，4は「**はやく**」（と「**おおく**」）ですので，これら4要素を「**おはな**」と呼んでいます。少女趣味と笑われそうですが。

が必要との主張もあります (Hazenberg & Hulstijn, 1996)。ここでいう word family とは，基本形に活用形や派生形を加えてワンセットと考えた，基本的な意味を共有する単語のグループのことで (Bauer & Nation, 1993)，たとえば help という基本形には helpless, helplessness, unhelpful, helped, helping などの活用形・派生形がありますので，この単語群が一つの word family を形成します。少し古いですが，必要語彙やインプットからの語彙習得の読みやすいまとめを Nation と Waring，また Huckin と Coady が書いていますので，興味のある人はチェックしてみてください (1999; 1997)。きりの良いところで，とりあえずは 10000 の word families の宣言的知識を目指しましょう。

　文法の宣言的知識については，中学・高校で学んだもので十分ですが，この知識は学習上の大きなアドバンテージです。赤ん坊の言語習得には必要のない文法の宣言的知識ですが，それは文法をまったく知らない白紙状態の脳があるからで，大人の場合にはすでに第一言語 (L1) の文法があるために，第二言語 (L2) の文法構造の誤った解釈をする危険があります。第一言語による interference（干渉）と呼ばれるものですが，これを避けるためには，まず文法を宣言的知識として習うことが必須かつ効率的です。複雑な文構造や多くの単語を間に挟んだ場合の単語間の連関には，明示的に教えられなければ気づけないのが大人の学習者の特性のようです (Paradis, 2009, pp. 96-97)[8]。

(2) 大量学習

　大量学習ですが，これは自動性が手続き的知識を要求するからで，手続き的知識は大量学習によってのみ獲得できるからです。直接的に即時に手に入る宣言的知識に対して，手続き的知識は間接的に長時間をかけて身に付けるしかありません。間接的に身に付けるとはどういう意味かを説明するために，まず直接的な練習を受動態を例に描写しましょう。be 動詞プラス過去分詞が受動態を形成するからと，I was scolded, It is said, He was told, She is chased とやみくもに次々と練習するのが，この直接的練習にあたります。獲得した宣言的知識

---

[8] 明示的な知識の必要性は，たとえばリスニングにおいて明らかで，「とにかく聞く」ことから練習を始める赤ちゃんと違い，大人の学習者は聞く練習の初期において言語システムとしての英語の構造の理解と，聞くという活動に関する予備知識を持っていることが肝要です (Goh, 2005, p. 65)。

をすぐに使ってみることは大変良いのですが、このような直接的練習は、宣言的知識の定着には役立っても、手続き的知識の養成には結びつきません。確立された経験則ですが、手続き的知識は、内在化しようとしている事項以外の側面に焦点をあてて言語活動を行っているときに、付随的に手に入るものなのです。そして焦点をあてる対象として一番自然なものは伝達したい内容そのものです。意味を表し伝えることを主目的とした活動の中で、必要に応じて受動態を使うことによって、受動態の使用力を内在化させる（internalize）のが、手続き的知識の効果的な養成法なのです（Paradis, 2009, pp. 2,4）。このように直接的・明示的方法が通用せず、徐々に脳に浸透させるような訓練法しかないので、手続き的知識の獲得には大量の言語処理（インプット理解〔Listening, Reading〕とアウトプットの産出〔Speaking, Writing〕）の経験が必要であり、それなりに時間もかかるのです。

(3) 反復学習

　反復学習は、(2) の意味を伝えることに主眼を置く大量学習の必要性の結果であって、手続き的知識の構築には同じタイプの構造・内容に何度も触れる必要があるのですが、"よく似た"教材や学習法による反復学習を意識的に行うことで、これが自動的に保証されます。ただし、自然な言語活動の中で付随的に獲得されるのが手続き的知識ですので、同じ文を5回ずつ言うといった人工的な反復ではなく、季節風の影響で少しは航路がずれる鳥の渡りのように、長周期で元に戻るような、長い目で見ればよく似た地形の上を何度も飛ぶような、そういう学習計画がおすすめです。よって、おおむね同じような内容が何度も出れば良いわけで、必ず生まれた川に遡上する鮭のように忠実な起点回帰を含む反復が求められるわけではありません。"よく似た"教材や学習法を時間をおいて何度も行うのが正しい反復学習です。「日曜から土曜まで言う」とか「提示された名詞にマッチする動詞を言う」とか、口頭での直接的・明示的説明が可能な単純技能の獲得であれば、「こんな話：単語と文で違う脳の関与」（19ページ参照）に示したように数十分の訓練で自動化に近づくことも可能でしょうが、言語学習で身に付けるべき知識技能にはより抽象的なものも多々あります。Paradis は

(a) The horse jumps over the fence.
(b) The cat sneaks under the couch.
(c) The shutter bangs against the wall.
(d) The sewage empties into the river.

の四つの文を例として挙げ，手続き的知識として身につくのは，個別の表現ではなく（a）～（d）の文が持っている「主語＋動詞＋前置詞＋（前置詞の）目的語」という共通の内部構造であると説いています（2009, p. 96）。一つ一つの具体例を丸覚えするのであれば，宣言的知識ですので，このような一段階上の，例文ではなく文構造（syntax），文法事項（grammar items）ではなく文法（grammar）が，さらに言うならば英語の文構造や文法がおしなべてどういうものなのかを知るということが，手続き的知識の真骨頂であるのが分かります。ところで，よく似た考えに Unitization があり（Graf & Schacter, 1989, p. 931），これは記憶の際に対象物の間の一貫性，連関性，そこから生じるネットワーク構造などに着目して，複数の物をひとくくりにして表象することです。単語レベルでの検証が多いようですが，Unitization は手続き的知識に影響を与えるとの結果が出ています。いずれにせよ，エッセンスを抽出しなければならないだけに，大量の原料と長い時間がかかるのです。日本語の小説を考えてください。小説に出て来る表現の多くは，作者にとっても読者にとっても人生で初めて出会うものです。それが創作活動というものだからです。にもかかわらず，作者はおおむね自分の表現したいことを表現するのに成功し，読者達はおおむね作者の意図を理解することに成功します。これはすべて日本語のネイティブスピーカーのわれわれが，日本語とはおおむねどういうものかという，その手続き的知識をおおむね共有しているからです。手続き的知識とはそういうものなんです。おおむねですが……。

こんな話

単語と文で違う脳の関与

　反復による自動化，あるいは練習の成果による自動性への漸次移行は，単語や音素（phoneme：英語の音声の最小単位で，たとえば push なら p と u と sh の音）を声に出して読んだり，名詞を見て想起される動詞を言ったりするような単純な作業でも観察されますし，ネイティブスピーカーでも観察されます。rCBF（regional cerebral blood flow：局所脳血流）を見ると，はっきりと脳の活性化パターンが変わっていくのですが，単語や音レベルですと，10分程度の練習でも変化が見られるとの報告があります。想起される動詞を言う作業は，練習によって単に示された名詞を復唱する作業と活性化される個所が区別できなくなりましたし（Raichle, et al., 1994），連続した五つの音素を発音する作業や1年の月の名前を January から December まで繰り返し言い続ける作業では，練習後には発話に関わるとされる Broca's area（ブローカ野）の活性化が観察されませんでした（Bookheimer, Zeffiro, Blaxton, Gaillard, & Theodore, 2000）。完全に自動化されると言語であっても言語皮質（language cortex：発話に関わる Broca's area と聴解に関わる Wernicke's area = ウェルニケ野だと考えてください）（青谷注：ドイツ人ですので，正しい発音はヴェアニク（ケ）でしょうが，学会で通りの良い英語発音ではウェアニク（ケ），ウェルニッケは日本の悪しき慣行。中を取った妥協でウェルニケとしました）は関わらないと極言される理由がこれです。もっとも，センテンスレベルでは丸暗記されたものでも Broca's area の関与を要求するようで，アメリカ人なら幼少期より，意味が分からないままに随所で暗唱させられる the Pledge of Allegiance（忠誠宣誓）がその例です。アメリカ国旗と国歌への忠誠を誓うのですが，以下のような文になっています。

> I pledge allegiance to the flag of the United States of America, and to the republic for which it stands, one nation under God, indivisible, with liberty and justice for all.（私はアメリカ合衆国の国旗と，その国旗が象徴する共和国，神のもとに統一されすべての人々に自由と正義が約束された不可分の国に忠誠を誓います。）[9]

　大人のネイティブスピーカーなら文意も文構造も簡単なうえ，何十年にもわたっ

て散々アウトプットを続けてきた文です。ところが，この自動化されているはずの文の産出が，単語や音素レベルの活動とは違い，発話に関与するブローカ野の活性化を促すのです (Bookheimer, et al., 2000)。センテンスは全体構造が複雑であり，練習後でも意味処理や構文解析を常に伴うが，単語や音素レベルでは口や喉の筋肉運動をマスターすれば良いだけだというのが一つの解釈です。この理由で，言語処理に関する研究がしたいなら，一単語ではなく文以上のユニットを使用すべきだと主張されることもあります (Paradis, 2009, p. 137)。ところで面白いのは，この the Pledge of Allegiance を暗唱するときに聴解に関与するウェルニケ野も活性化されることで，ウェルニケ野は意識的なインプットの意味理解がなされなくても活性化されることが分かっているので，同時に統合的に発達してきた発話と聴解の連携の進化の歴史のなごりかも知れませんし，または自分のアウトプットをモニターするために意識的意味理解のプロセスが無意識的に始動する仕組みが脳にあるのかも知れません。

(4) 時限訓練

　最後に，これまでの日本の英語訓練であまり取り入れられてこなかったのが (4) の時限訓練です。これは言葉通りアウトプットに時間制限をかけるもので，自分のペースで英語を使って，所定の内容を理解したり発信したりするのにかかる時間を測るという単なる計時訓練とは大きく異なります。「時限」という言葉は，普通は決められた時間「以下」を意味しますし，ここでも主流は時間に「上限」を設ける fluency 養成訓練ですが，われわれの最終目標である FLUENCY 養成のためには，決められた時間「以上」しゃべり続けるという，時間に「下限」を設ける訓練も有効です。

　上限の設定　あらかじめ発信すべき量・内容の目安があって，それを所定の制限時間内にやり遂げようとするものです。少なくとも三つの効果が期待で

---

9) 小学生でもこれを言わされるのですが，いかにネイティブスピーカーでも小学校1年生は allegiance, republic, indivisible, liberty なんて呪文にしか聞こえないようです。アメリカにいた時には，習い始めなのか変な場所で息継ぎをする子に何人も出会っています。"I pledge allegiance to the flag of the United（間）States of America and to the republic for（間）which it stands one（間）nation under God indivisible with liberty（間）and justice for all." と，なかなか微笑ましいです。ところで，ぼくには不思議なのですが，軍人たちは民間人がこれを暗唱している間は黙って敬礼しているという決まりなのだそうで，自由の国アメリカと言っても，色々儀礼的なわずらわしさがあるようです。

きます。

　一つ目は所要時間がはっきりとすることです。たとえば第II部で紹介する 15/45（フィフティーン/フォーティファイブ）訓練では，スピーチのお題を与えられてから 15 秒考えて 45 秒間しゃべるので，一課題 1 分半以内で練習が終わります。繰り返しやる課題も出ると仮定して，のべ 10 課題ならほぼ 20 分以内に終わることになります。

　二つ目はネイティブスピーカーのスピードと容易に比較できることです。意識的制御下にあるプロセスでも，練習による高速化は可能ですので，スピードだけが手続き的知識や自動性の目安ではありませんが，テレビのアナウンサーなどは毎分 150 語で，これはノンネイティブにとっての一つの目安です。ネイティブの友人同士なら 200 語以上は平気ですし，ディベートや競売時の早口は 350 語から 400 語にも達すると言われますが (Chafets, 2006)，200 語を大きく超えるとネイティブでも聴解訓練が必要になります。よって，まず 150 語くらいを目安にしましょう。

　三つ目は計時訓練ではなく時限訓練だからこその利点ですが，集中力が高まり，練習にメリハリが付き，自分に外圧が加えられることです。経験則ですが $+\varepsilon$（プラスイプシロン）という考え方があり，これには自分のレベルより少しだけ上を目指すという意味と，ほんの少しずつでも能力を積み上げるという意味があり，両者ともに外圧と内圧（やる気など）を要求します。制限時間内に十分な仕事をやり終えるためには，語彙・表現を含む豊富な宣言的知識に加え，スピードが要求され，走りながら考える並列処理も要求されます。この三者を満たすには手続き的知識を動員するしかないので，時限訓練は手続き的知識養成のツールになるとともに，宣言的知識・手続き的知識（FLUENCY）の完成度を測るツールにもなるのです。当然ですが，それは同時に現有戦力の最大活用（fluency）の尺度でもあります。

　下限の設定　「英語だと IQ が下がる」とか「英語だとスタミナが続かない」という学生さんに，青谷は単に「ぼくもそうです」と応じています。これは外国語使用者の宿命だと思うのですが，考えながらしゃべるような状況では，確かに日本語でしゃべる場合より内容が貧しくなったり，言うことがなくなったり，脳の疲弊が早かったりしますね。そしてこれは，「教養のあるネイティブス

ピーカーと対等に会話をする」という目的達成のためには致命的です。とりわけ，30秒といった短時間では話がまとめられなくても，数分単位で話す場合には，話すほどに少しずつ全体を組織化して最後の結論につなげることができるネイティブスピーカーと，数センテンスのみの短いサバイバルゲームならなんとか良いのが出せても，必死で話せば話すほど全体のグダグダ感が増していく英語学習者との違いは悲し過ぎます。この力は脳の処理力に余裕が出るという意味でセンテンスレベルの自動性（むしろ fluency の領域）に負うところも大きいのですが，既述の如く FLUENCY はより全体的でマクロな力も含みます。長い良い話がしたかったら，長い良い話をする練習そのものもやるしかありませんので，2分以上とか3分以上とか，長めの発話練習もします。これが「下限の設定」です。

熟成から覚醒へ

　以上が流暢さ養成の4要素ですが，手続き的知識について広く信じられているたいせつなことをここで三つ披露しておきましょう。「信じられている」と書いたのは，英語学習者や教育者の日常体験ではあるものの，実験がほぼ不可能であること，個人差が大きく統計処理や定量化が簡単にはできないこと，同じくどういうタイミングでいつ起こるのか予測できないために正確な定性的観察も難しいことなどが障壁となって，検証が進んでいないのがその理由です。体験と観察に基づいた青谷の意見と位置付けて頂いて結構です。

● 熟　成

　一つ目は「熟成」。手続き的知識を身に付けるには，大量学習が必要なのですが，実際には量だけでは十分ではなく，ワインのようにある程度の時間をかけた熟成が必要です。したがって，夏休みに英語圏に行って英語を仕上げてしまうなどという浅はかな戦略は決して成功しません。訓練の合計時間と同じくらい大切なのが，長期にわたる継続学習です。ただし，単位期間あたり（たとえ

ば1週間とか1か月とか)の学習量の確保も必要なので，太く長い訓練以外にはないのです。継続学習が欠かせないという発言と矛盾するようですが，その反面，練習をしていない間にも脳内で何らかの変化・再編が進行している可能性があり，特に重点的に頑張ったわけでもないのに，なぜか冠詞の違いが目立って分かりやすくなったりする経験は，多くの学習者，特に上級者，に共通のもののようです。手続き的知識は原則として技能であるという話をしました (3ページ参照) が，青谷は学生時代 (映画「ALWAYS 三丁目の夕日 '64」の10年後，バブル景気が始まる10年以上も前のことです) にスキーでこれを経験しています。シーズンの初滑りの日に，前シーズンの最終日より滑りが明らかに自然になっていたのです。板を足で押したり引っ張ったりしていた前年から，急に板が足の一部になったあの感覚を，今でもたいへんよく覚えています。ところで，実は青谷正妥は日本にスケボーショップなんて影も形もなかった学生時代にもう乗っていたというスケートボーダーの草分けなのですが，その横乗り派の僕がなぜスノボーではなくてスキーなのかというと，1970年代初頭には悲しいかなスノボーなんてなかったんです。

● 量子飛躍

次は quantum jump (quantum leap とも。直訳は量子飛躍，意味は階段を1段上るように時に不連続的な大飛躍・発展)。物理学ファンなら皆が知っていることですが，量子力学の世界ではエネルギーの分布が不連続で $\{1, 2, 3, 4, \cdots\}$ のように可能なエネルギーレベルが不連続に分布しているのが普通です。つまり，1の上は2，その上は3であって，1.5とか2.34といった中間のレベルは存在しないのです。宣言的知識は，単純に言えば覚えるかどうか，またどれだけ覚えるかの世界であって，その進歩も原則連続的です。各人が一生かかって少しずつ蓄えていく語彙などはこの分かりやすい例と言って良いでしょう。これに比して手続き的知識はあるかないかのどちらかという傾向が強く，できればできるし，できなければできないという all or nothing がその本質としてあります。子どものころ，練習を重ねるうちにある日急に自転車に乗れるようになったり，小学生のときに急に逆上がりができるようになったりした，あの経験を思い出してください。自転車に乗るのも逆上がりをするのも，できるかで

きないか二つに一つであって，さらに一度できるとでき続けます。言語の手続き的知識にも同様の傾向があります。重ねた練習の量は，少しずつ連続的に増加するのですが，スキルの向上は不連続です。ある時期を境に，インプットの処理能力が向上して急に CNN のニュースのスピードについて行けるようになったり，測定というよりはむしろ体感できる形で飛躍的かつ急激に発話が楽になったりするのは普通のことです。ただ，ここに**英語学習者を窮地に立たせる大きな問題**が潜んでいます。それは練習量に比例した進歩が見られず，学習動機が維持できないことです。3 か月間転倒を続けた末にある日突然自転車に乗れるとか，コップに水を入れ続けてもいっぱいになって溢れ出す（流暢さ達成の瞬間）には時間がかかるが，一度溢れ出せば入れた分だけ溢れ続けるとか，平らな部分が長いなだらかな神社の参道の階段では，次の段に上るときにのみ高度が稼げる（手続き的知識獲得）が，そこに至るまで平らな部分を歩き続けねばならないとか，色々な説明をしても，目に見えない脳内コップにどこまで水が入ったかは分かりませんし，脳内階段のどこに自分がいるのかも分かりません。さらに，個人差はあるようですが，階段の平らな部分はかなり長く，2, 3年，4, 5年，時には 10 年が長さの単位です。なのに学習者の多くは「もう 1 年もやった」「才能がない」とさっさとあきらめてしまいます。**ないのは英語の才能ではなく，続ける才能**（もしそういうものがあるのなら）だと気づくべきです。最初から長期戦は想定内だと分かっていれば，短期的には全然伸びなくても気にならないはずで，そういうハートの強さを切望します。毎月 TOEFL を受けて，その結果の統計的揺らぎを見て一喜一憂するなど愚の骨頂と心得ましょう。ぼく自身アメリカに 24 歳で留学した際には，最初の 3 年間ほどはまったく英語が分からず，自分でも使えず，言語的にはただただ苦しいだけでした。それが 3 年目の夏に急に開眼し，夢を英語で見るなど突然運用力が天井を突き破ります。しかし，この状態が大体 5, 6 年続き，次にブレイクしたのは 10 年後くらいで，このときには急に冠詞の使い分け力が向上しました（向上しただけで完全習得は今日に至るまでできていません）。アメリカ留学時の TOEFL（旧 TOEFL は現在の TOEFL PBT と同形式で，Reading と Listening しかありませんでした）は 620 点で，英語検定も 1 級だったのにこれです。ちなみに，留学後アメリカに 20 年間住み，日本に戻ってからも京都大学の国際交流センタ

ーで英語に触れ続けているぼくの英語は，今でもありとあらゆる間違いだらけです。TOEFL iBT 満点，TOEIC 満点，英語検定 1 級なんて，所詮はそんなものなのです。いずれにせよ，こういうスケジュールで進歩するのが普通ですので，それなりの覚悟が本当に必要です。

◉　マスキング

　三つ目は宣言的知識の欠如や段階的向上による，手続き的知識の特性のマスキング（masking：覆い隠すこと）です。たとえば上記でCNNのリスニングが急にできるようになると書きましたが，これはインプット処理の手続き的知識が備わって高速での処理が可能になるという意味で，実際の理解には宣言的知識である語彙も必要ですので，それがネックとなって聴解力全体が思ったほど伸びないことはあります。ただし，テストスコアなどには表れなくても，一つ一つの単語が聞いてよく分かるなど，明らかに処理力が向上していると自覚できるのが普通です。単語のスペリングと意味の間の連結（form-meaning correspondence：形と意味の連結とも）は宣言的知識ですが，そのデータベースにアクセスする技能は手続き的知識です。知っている単語へのアクセスが手続き的知識化（proceduralize）されるだけでも，fluencyは向上します。真に目指すものはFLUENCYなので，不十分な宣言的知識という越えねばならない壁がまだ残っているというそれだけのことです。ネイティブスピーカーでも語彙に代表される英語の宣言的知識は一生獲得し続けるものなのですから，ノンネイティブのわれわれが道半ばだと言って悲観するのは笑止千万ですね。

◉　そして覚醒へ

　このように，熟成を経て量子飛躍的に fluency/FLUENCY の次のレベルへ進むことを，ぼくは覚醒と呼んでおり，学生さんには「すぐには進歩が実感できなくても，テストのスコアが大して伸びなくても，それは想定内なので，最初の 2 年間くらいは頑張り続けてほしい。そうすれば 2 年目の終わりまでには上達が実感でき，さらに勉学を続ければ 4 年生の頃には TOEIC で良ければ余裕で 900 点以上取れるようになります」と言っています。実際には，FLUENCY が十分だと自分で感じられるには 10 年はかかるのではないかというのが個人的

感触ですが，少なくとも在学中の4年間努力を続けて頂ければ，最初のquantum jumpが経験できるはずです[10]。一度でも覚醒経験を持っている人は，それが継続学習の大きな励みとなります。ぼくが英語の上級者と考える多くの方たちもこの最初の覚醒経験の話をされます。

こんな話

Expertise（熟達・熟練）

どのようなスキルにせよ，生まれつきの才能（one's innate talent）に差があるかと問われれば，研究者も素人も，そのほとんどが yes と答えるでしょう。しかし，expertise を達成するには，才能だけでは到底不十分なのも確かな事実です。たとえば一流の音楽学校のピアノ科に入れるような人は，すべて世界的になる可能性があるが，本当に世界的なピアニストになる人は，他の人達よりはるかにすごい，週刊誌的に言えば超絶・衝撃の練習量を誇るそうです（Gladwell, 2008, p. 43）。Expertise の研究の experts の一人である Ericsson[11] は

Consistently and overwhelmingly, the evidence showed that experts are always made, not born.（Experts は常に〔自分と周囲の〕努力によって作られるものであり，生まれつきの資質によるものではないと

---

10) 「こんな話：Expertise（熟達・熟練）」で10年・1万時間を強調していますが，アメリカ国務省（U.S. Department of State）付属の外交研修所（Foreign Service Institute）のデータによると，平均的な適性を持ったアメリカ人は2400から2760時間の研修で日本語が使えるようになるそうです（Foreign Service Institute, 1973）。これを裏返せば，日本人も同程度の時間数で英語が使えるようになる可能性があるということですので，10年・1万時間が絶対的な運用力獲得の指標だというわけでもありません。しかし，この外交研修所の「日本語が使える」との判断がどういう基準に基づくのかが明らかでないうえ，上記の時間数は授業のみであって自分で勉強する時間は含まないようです。アメリカ人は自分の能力についても他者の能力についても点が甘く，青谷もアメリカ留学3年目くらいでバイリンガルと大甘の採点をされたことがあるので，この点も要注意です。もっとも，たとえ合計2500時間で十分だとしても，1日3時間で2年半，1日1時間なら8年近くかかります。いずれにせよ道は平坦ではありません。

11) Expert になるための心得として，Ericsson（Ericsson, Prietula, & Cokely, 2007）は①よくできない部分やまったくできないサブスキルを重点的・計画的に練習する，②できるだけ若い内に練習を始めて必要なだけの時間をとる，③有能なコーチ・指導者を得て辛口の助言にも耳を傾ける，これら三つを挙げています。あまりにも多くの人が才能があれば簡単に expert になれるとか，ちょっと練習すれば自分もできるとか，とんでもない勘違いをしているようです。

する一貫した圧倒的な証拠がある。）

と断言しています（Ericsson, et al., 2007, p. 116）。実は expertise の達成にはマジックナンバーがあって，**10年「および」1万時間**がそれだそうです（Gladwell, 2008, p. 43）。「および」の理由は，1万時間の練習をするのに大体10年かかると計算できることと熟成の時間が必要だからで，1日3時間でも1年に1000時間ですから，これは納得できますね。十分な訓練を積まなければ才能だけでは駄目な例として，10年くらい経験を積んでからやっと傑作が書けるようになり，さらに最高の作品はほとんど20年間の作曲家生活の後に出ている Mozart（モーツァルト），天才と謳われながらチェスの最高位（grandmaster）に到達するのに9年かかった Bobby Fischer がいます。ところで，言語学習の天才と言えばネイティブスピーカーの幼児ですが，彼らがネイティブスピーカーと呼べる言語能力を身に付けるようになるには5年から6年かかると言われています。たとえば5歳未満の日本の幼児は主語が欠落していると往々にして補えず，英語圏の幼児は三単現の s を本当に理解するには6年くらいかかりますが，5歳児になるころまでに母語を聞く時間数は17520時間だそうです（Morley, 1991）。これが現実ですので，平均的な英語学習者が10年・1万時間を要しても何の不思議もありません[12]。余談ですが，アメリカ人でも2, 3歳児などは不規則動詞を頻繁に間違えて"Daddy goed to the shop."などというそうです。不規則動詞は宣言的知識として覚えるしかないので，こういう間違いも当然と言えば当然ですね。もっとも，5歳児くらいから FLUENCY はともかく，fluency では平均的な日本人学習者を完全に置き去りにするので，やはりネイティブ恐るべしではあります。ところで，expertise 達成に10年かかるというのが理由で，20代は仕事を覚えるときだと企業では言うのだと思いますよ。個人の努力をこえたマネジメント関連のスキルになると余計にそうです（quantumleap, n.d.）。

---

12) 10年・1万時間を達成する目安は1日・3時間ですが，縛りがなければ人は怠けますし，しっかりと計時しなければ毎日3時間以上の練習を確保するのは本当に至難の業です。そこで，自分の机で勉強する際にはデスクトップに表示してカウントダウンのできる計時ソフトウエア，移動中や仕事・講義の空き時間にはポケットタイプのタイマーの使用が必要になります。ソフトはフリーウェアも多いですし，ポケットタイプでも100時間程度まで計れるものが1000円前後で入手できます。「長時間タイマー」で検索してください。青谷は英語ではなくて統計学を毎日3時間勉強して10年（残りは6年です）でエキスパートになろうとしているのですが，月初めに1か月分の90時間（正確にはその月の日数の3倍）をセットし，そこから毎日3時間を目安にカウントダウンをしています。実際に計ると，「たかが3時間」を確保する難しさが良く分かるはずですが，だからこそ絶対に計時システムを取り入れてください。

世の中には常人には困難なことがたくさんあります。100メートルを10秒以内で走る，ノーベル賞をとる，世界の長者番付に載る，M-1チャンピオンになる，どこかの国王になる，これらはすべて普通はできないことです。英語に関してもピューリツァー賞（Pulitzer Prize）を取れと言われたらやはり常人には不可能です。これらは，努力をしないからできないのではなくて，努力をしても普通はできません。しかし，仕事を含む日常生活で使用できるレベルの英語運用力（FLUENCY）は，そのように困難なことの一つではありません。努力をすれば誰でもできるようになるし，完全にネイティブレベルにはなれないけれども，十分に役立つレベルには誰でもなれます[13]。それなのになぜ「大人の英語学習の最大の特徴は成功が約束されないこと」(Bley-Vroman, 1990, pp. 6-7) なのでしょうか。それは進歩の遅さに耐えられずに途中で投げ出すから，つまり真の継続的努力がないからです。進歩の遅さも，進歩が階段状で踊り場のような場所に長期にわたってとどまることも，今節で散々説明しました。**誰もができるようになるはずの英語ができない理由は努力をしないから，途中で投げ出すから，それだけです。**努力が実を結んでいないように見えたとき，本物の大人はどうするでしょうか。大人は努力を続けます。努力を続けてください。努力を続け続けてください，手続き的知識の獲得によるexpertiseを目指して[14]。

---

13) 青谷の出身高校では高鉄棒で蹴上がりができなければ体育の単位がもらえず，よって卒業できませんでした。その理由は腕の筋肉が非常に発達していなければできないこじ上がり（垂直にぶら下がった状態から足や体を振ってはずみをつけることなく，腕力だけで鉄棒の上に上がるもの）と違い，蹴上がりは体の振り方とはずみのつけ方さえ根気強く練習すれば，誰でも絶対にできるようになるからです。英語運用力はまさしくこの蹴上がりです。問題は努力を継続できるか否か，その一点のみなのです。

14) 宣言的知識から出発して手続き的知識の獲得に至る過程は，そういう過程が果たして存在するのかどうかも含めて，実は明らかではありませんが，この分野で大変有名な理論・仮説はAndersonのACTまたその発展形であるACT-R Modelです（Anderson, 1983, 1993）。非常に単純化するとこのモデルは①宣言的知識→②宣言的知識の反復使用→③自動性（手続き的知識）の順で自動性に至ると主張します。つまり，慣れが自動性の根源であるという見方です。野球のスイングのような単純な筋肉運動であれば，意識的に筋肉を動かしているときも，反射的・自動的にできるようになった後も，基本的には同じことをやっており，スキルの内容が変わるわけではありませんので，このレベルの単純な見解でも十分かも知れません。ところが言語の運用に携わる手続き的知識は高速化された宣言的知識なのではなく，自動化された宣言的知識でもなく，宣言的知識とは定性的に異なる完全な別物です。ですので，上記の②→③の過程で何が起こるか，その理解こそが大切なのであって，ACTはその肝腎の部分を十分には解決しないとの批判も出ています（Paradis, 2009, p. 86）。

> **まとめ 1**
>
> ### 知識の二重螺旋と流暢さ養成の 4 要素
>
> ここまでで以下を説明しました。
>
> 1. 記憶には口頭で説明できて意識的に使う宣言的知識と，むしろ技能であり，必要時に自動的に利用され，流暢さを生む手続き的知識がある。
> 2. 流暢さの養成には，十分な宣言的知識の獲得，大量学習，反復学習，時限訓練が有効である（おはな）。
> 3. 既得の知識の流暢な使用である fluency を確保しつつ，最終目標である FLUENCY を目指す。

1.5　記憶について：心理学の領域から

　ここまでは主に言語に特化した話をしましたが，一般心理学の分野から記憶の獲得・格納（storage）と取り出し（retrieval）に関する話を 3 題。もっと網羅的な話が良いのでしょうが，この本が百科事典のように分厚くなるのも宜しくありませんので，悪しからず。ここで触れるのは，Levels of Processing（処理水準），Transfer Appropriate Processing（転移適切性処理），Distinctive Processing（示差的処理）の三つです。

● **処理の深さ：Levels of Processing**（処理水準）
1972 年に Craik と Lockhart により提唱された Levels of Processing のアイ

デア (1972) は，短期記憶と長期記憶といった単純な記憶の分類ではなく，記憶が作られるときの処理モードによってその強さや持続性が決まるというものです (Craik & Tulving, 1975; French, n.d.)。単純に言えば印象の強さのようなものですが，たとえば単語であれば，発音やスペリングに基づく処理よりも，意味を介した処理によって生まれた記憶の方が強く長持ちするとの結果が出ています (French, n.d.)。Levels of Processing は宣言的知識にも手続き的知識にも影響を与えることが分かっており (Hamann, 1990; Lee, 2000, 2008; McBride & Shoudel, 2003; Srinivas & Roediger Iii, 1990; Thapar & Greene, 1994; Weldon & Coyote, 1996)，強く長持ちする良質な記憶が格納中も劣化せず取り出しを容易にします。Depth of Processing（記憶が作られるときの処理のレベルの深さ）が深ければ深いほど脳内の **memory trace**（**記憶痕跡**：記憶を格納する神経組織の生化学的変化）が大きく，記憶が明確で持続性を持つとされますので，第II部では，Depth of Processing を確保する学習法を意識しながら訓練の詳細を説明します。残念ながら Depth of Processing の実態は研究中であり，多くが経験則になってしまうのですが，単語レベルでは上述のように意味に重点を置いた方が処理が深いようです。

● 利用しやすい記憶：
Transfer Appropriate Processing（転移適切性処理）

一度失敗すると同じ状況に遭遇することがトラウマになっている人がいるなど，日常生活でも経験することですが，意識的にせよ無意識にせよ，これは記憶ができたときと同じ状況だとその記憶が呼びさまされやすいという現象です。記憶が作られる際には，ターゲットになる事物や概念だけではなく，それに遭遇したときの状況やそれを学んだときの状況も同時に記録されるからです。Levels of Processing の考えが扱うのは，記憶痕跡ができる際に処理のレベルが格納（storage）にどういう影響を持つかですが，当然ながら，記憶の質の高さの正しい評価は取り出し（retrieval）との関連で考えてこそ可能となります。その関連性に言及するのが Transfer Appropriate Processing（転移適切性処理）です (Ellis, et al., 2009, p. 62; Lightbown, 2007; Morris, Bransford, & Franks, 1977)。根底にあるのは，Depth of Processing のみではなく，一般的な取り出しの力の

みでもなく，記憶が獲得・格納されたときの環境・状況と，その記憶を呼び起こすときの環境・状況とのマッチングが記憶の運用に関係するという考え方です。たとえば上記の Levels of Processing の項で，単語に関しては意味を中心に置いた処理が，発音などに注意を向けた際より，強く長持ちする記憶につながると言いました (Craik & Lockhart, 1972)。しかし，発音や韻 (rhyme) にもっと注意が向く状態で学習した単語については，音が絡んだテストのパフォーマンスも向上するなど，どのような状態でどのようなタイプのテストをするかによって，パフォーマンスが影響を受けるという，指摘されてみれば当たり前のことも実験的に確立されました。つまり，Depth of Processing という絶対的な処理の深さという概念よりも，Depth of Processing Relative to the Testing Format (テスト形式により相対的に決まる処理の深さ) という概念の方が意味をなす，まさに記憶の獲得モードと取り出しモードの間の整合性が大切である，というわけです。これを実際に英語を使う状況に当てはめ，その状況をテストだと考えると，そのための手続き的知識の構築訓練は，和文英訳ではなくお題を与えられて自分の意見についての英作文をするとか，十分に時間を取って内容を頭の中で組み立ててから話し始めるのではなく，まず話し始めて走りながら次の内容を考えるとか，実際の使用状況を反映したものでなければならないのが分かります。慣用表現の本を丸暗記しても，実際に使うフェイズ (実地訓練) がないと運用力に結びつかないのはこのためです。ところでTransfer Appropriate (転移に適切) というネーミングですが，これは記憶が作られる (store＝格納する，または encode＝〔脳に適切な〕符号にする) ときに，取り出しが容易になる形で作られるという意味です。Morris et al. は "the value of particular acquisition activities must be defined relative to particular goals and purposes" (〔記憶の〕獲得活動の価値は，〔その記憶の〕使用目的によって相対的に決定されなければならない) (Morris, et al., 1977, p. 528) とだけ述べていますので真意は分からないのですが，青谷は "Transfer" は「格納」から「取り出し」への移行だとかってに理解しています。

● **記憶の違いを判断：Distinctive Processing**（示差的処理）
　Distinction とは区別ですので，名前からだけでは全容がややわかりにくいの

ですが，Distinctive Processing とは，"the processing of difference in the context of similarity"（類似性の中での相違の処理＝類似した物の間の相違を扱うこと）(Hunt, 2012, p. 2)，つまり類似性と相違点を同時に扱うこと (Hunt, 2012, p. 21) です。たとえば Transfer Appropriate Processing は符号化（encoding）と取り出し（retrieval：decoding とも）の間の類似点に基づいた概念ですし，記憶の理論において類似性は大きな役割を果たします。しかし，類似性だけに重きをおいた処理は，共通した属性を持った記憶を混同しやすく，類似した事象間の干渉を招きます。この問題を解決するのが，類似と相違の同時処理である Distinctive Processing です。Relational Processing（関係処理）と Item-Specific Processing（項目特定処理）という考え方があって，Relational Processing とは複数の類似した項目がまとまって処理されること，Item-Specific Processing とは，（似た）項目間の違いを見分けて区別しながら処理することです。Distinctive Processing は類似性に基づいた Relational Processing でターゲットを狭いエリアに絞って取り出しの際の情報検索に近道を提供し，その中で Item-Specific Processing が個別の項目をピンポイントで選ぶと考えられます。記憶を組織化するには類似性の認識が役立ちますが，同種のものをひとまとまりにするのは干渉と混同への呼び水でもありますから，相違点の認識も expertise（たとえば言語使用の自動性）には必要です。実際上級学習者では，既存の豊富な宣言的および手続き的知識が，初心者にはとうてい分からない共通性と相違点の認識を助け，そのことによって知識がさらに高度化し，螺旋階段を上るようにしてエキスパートが完成すると言われています。これは類似と相違の coaction（協働）と呼ばれます。検証はできませんが，青谷自身の英語力もこういう感じでした。もちろんいまだ螺旋階段を鋭意登攀中です（普通は螺旋階段は「登攀」しませんが，英語の螺旋階段は上に行くほどかなり急峻です）。最後に Levels of Processing の考えは，項目・状況によって色々なレベルで符号化されるというものですので，違いにも焦点を置くという Distinctive Processing の考えの源流はここにあったということを付け加えておきます (Hunt, 2012, p. 38)。

　英語学習者の場合，脳内にあるのは interlanguage（中間言語）と呼ばれるもので (Selinker, 1991)，正しい知識と間違った知識が混在しているのが普通です。

この中から正しい知識を定着させ、誤った知識を消していくうえで、インプットの中の正しい英語との類似と差違、また interlanguage として蓄積されている言語項目間の類似や差違が特定できることは肝要です。Distinctive Processing の力がない人や、interlanguage の純化と正しい英語への収束の意識的な努力を怠った人は、間違った英語やいまだ不完全な英語を自分のものにしてしまい、脳内にそれが定着します。これを化石化（fossilization）と呼んでいます。Distinctive Processing は FLUENCY の獲得になくてはならないものなのです。

1.6　英語教育・学習の四重螺旋

　第 I 部の締めくくりとしてもう少し具体的な英語学習のフレームワークの話をしましょう。青谷が実際に使っているのは、Paul Nation の**教育・学習の四重螺旋**[15]（The Four Strands）の考えです。Paul Nation が The Four Strands について書いた論文の中で一番分かりやすくよくまとまっているのは多分 Innovation in Language Learning and Teaching に出たものでしょう（P. Nation, 2007）。以下はこの論文も参考にした四重螺旋の解説です。

　四重螺旋ですので、四つの要素が絡み合っているわけですが、それらは

(1)　Meaning-Focused Input（意味重視のインプット）
(2)　Meaning-Focused Output（意味重視のアウトプット）
(3)　Language-Focused Learning（言語形式の学習）
(4)　Fluency Development（流暢さの養成）

と呼ばれています。順に説明していきますが、実はこの四重螺旋には五つ目の、

15）Paul Nation は、これを The Four Strands（4本の紐：strand にはより糸の一本一本のように大きなもの（紐）を構成する要素という意味があります）と呼んでいます。青谷は DNA の二重螺旋・二重鎖が double helix とか double strand と呼ばれていることから、またすでに declarative knowledge と procedural knowledge を知識の二重螺旋と呼んでいることから、The Four Strands を学習の四重螺旋と呼んでいます。

というよりは一番大事だという意味でゼロ番目のstrandがあります。それは

(0) Task-on-Time（総学習時間）

です。いかにThe Four Strandsを授業や練習に取り入れても，大量学習・長時間学習が無ければ運用力は身に付きませんので，そこを肝に銘じたうえで以下を読んでください。

(1) Meaning-Focused Input（意味重視のインプット）
聴解と読解に関する訓練で，目的は

① インプットの処理練習
② インプット処理に使える構文や文法や語彙アクセスの手続き的知識の獲得
③ 語彙・表現に関する知識の深化と新しい語彙や表現の獲得

の三つです。「意味重視」とはリスニングにせよリーディングにせよ，練習中の学習者の注意は主に意味の処理に向けられているという意味です。その理由の一つは，実際の言語活動では全体の意味を理解することに集中しながらインプット処理を行うので，Transfer Appropriate Processingの考えからも同じ状況での英語使用練習（authentic language useと言うこともあります）が①のために望ましいということ，もう一つは構文（syntax）や文法や単語の意味へのアクセスに関する手続き的知識は付随的（incidental）に獲得されるので，②のためにはそこに焦点を当ててはいけないことです。インプットの処理練習ですので，**どんどん処理できるレベルのインプットを扱う**のが基本で，たとえば出て来る単語の最低でも95％，より理想的には98％が既習である教材を使うべきで（Hsueh-chao & Nation, 2000），Task-on-Timeを稼ぐためにもどんどん処理できるインプットを使うのは大切なことです[16]。なお，聴解に関しては，98％の単語が「聞いて」分からねばなりません。多くの日本人には，最初からノーマルスピードは到底無理ですので，第Ⅱ部で紹介するようなスピードを調節した

---

16) リスニングに関して，日本の英語学習者の特性に詳しいノートルダム清心女子大学のRob Waringは，①内容が90％分かること，②95％の単語が分かること，③途中で音を止めなくても聞けること，④内容が興味を引くことを教材の条件としています（Waring, n.d.-a, n.d.-b）。

教材を使うことになります。最後に③ですが，ここでも98％の単語が分かることが重要です。たとえば単語帳から宣言的知識として獲得した単語に，文脈 (context) が十分に分かっている状態で文内で再会することによって，Levels of Processing が示唆するより深い印象に残る意味処理が理解の深化を可能とします。新しい語彙や表現の獲得に関しても，文脈の理解があってこそ，その意味をつかみ記憶生成に十分なレベルでの処理ができます。

　処理練習の Time-on-Task を稼ぐためにも，既知の単語や表現に再会する回数と新しい単語や表現に出会う十分な機会を確保するためにも，大量のインプットは是非とも必要です。

(2) Meaning-Focused Output（意味重視のアウトプット）
話す練習と書く練習で，目的は

① アウトプットの処理練習
② アウトプット処理に使える構文や文法や語彙アクセスの手続き的知識の獲得
③ 語彙・表現に関する知識の深化と新しい語彙や表現の獲得

の三つです。「意味重視」とは練習中の学習者の注意は主に内容の発信とそのための脳内での前処理に向けられているという意味です[17]。このためには，おおむね現有戦力の英語の知識で扱える範囲に内容を限るのが得策です。ただし，③の効果を考えると，多少は $+\varepsilon$ があるべきです。Swain の Output Hypothesis (1985; 2005) は，スピーキングとライティングは言語習得に必須であると主張しており，インプットとは違った形で運用力養成に貢献します。98％の単語が分かれば全体の意味が構築できるインプット処理に対して，アウトプット処理ではたった一つの単語やたった一つの表現が分からないだけで，装置全体が緊急停止します。インプット処理ではバックグラウンドに隠れて目立たなかった弱点が，アウトプット処理では処理の停止という形で目の前に突き付けられるのです (Merrill Swain, 1995)。青谷はこれを**弱点の前景化** (foregrounding of lin-

---

17) これは機械的な暗唱のような練習には効果がまったくないという主張ではありません。機械的なアウトプット練習にもそれなりの効果があるとの結果もちゃんと出ています (Abadikhah, 2012)。しかし，語彙の習得などにも機械的なアウトプットよりも意味重視のアウトプットが効果的だとの結果があるなど (Holster & Delint, 2012),「意味重視」の有効性は明らかです。

guistic shortcomings）と言っています。弱点や自分がまだ知らないことやできないことを認識し，意識的・重点的にその部分の練習をするというのは，幼児に比べて大人が持っている本当に数少ない言語学習上の優位点です。弱点の克服に時間を割くのは，expert になる条件の一つでもありましたね（Ericsson, et al., 2007）。弱点に気が付けば，ネイティブスピーカーや他の学習者がどのようにそれを表現するのかを見つけるためのアンテナを立てながら読んだり聞いたりするようになり，これが②を助けます。このような状態を"read like a writer"とか"listen like a speaker"と表現することもあります。さらに，脳内のアイデアを表す言葉を見つけてきて文を紡ぐアウトプット活動は，与えられた言葉の意味をデータベースから探すのみのインプット処理よりも深く複雑であり，Levels of Processing の項で説明したようにより強く印象的な知識・記憶の生成に貢献，つまり②と③に貢献します。すでに脳内に格納されている言語知識をアウトプットというモードでも使うことで，知識に幅や深みが加わるようです（Joe, 1998）。一言でまとめると，「アウトプット活動とインプット処理の間の『定性的』な違いが言語能力のさらなる向上に寄与する」となるでしょう。

　Transfer Appropriate Processing を考えると，**和文英訳ではなく，自分の気持ちを直接英語（文字や口頭）で表現したり，お題を与えられてそれについて作文・口頭作文をしたりすべきだ**というのは明らかです。また，上記のようにアウトプットでは知識不足が露呈しますので，練習の後に時間を取って辞書やネットで新知識を仕入れるのは非常に効果的です。繰り返しですが，どんどん処理をするフェーズがメインですので，その途中で調べるのではなく，必ず「後から」時間を別に取ってください。そうしなければ Meaning-Focused Output の意味もなくなり，流暢さが養成されません。典型的・伝統的な日本の学校英語の「調べながら書く」は捨ててください。現に結果を出していないのですから。なお，ペアを組んで会話練習をする際などには，互いに文の構造や文法について話し合うのも有効だそうです。

　以上がインプットとアウトプットです。単語・表現を含む新しい言語要素は学習者が自分で作れるわけもありませんので，インプットにたよって仕入れることになります。その反面，ネイティブスピーカーが学習者に代わって練習を

してあげられるはずもないので，アウトプットの流暢さは意味重視のアウトプットによってのみ可能となります。インプット処理ができる人は，その能力で自分の英語をモニターできますし，アウトプットが流暢にできる人は，自分が使いこなせるツールである英語を他人が使ったときにも，話者の意図などが分かりやすいので，インプット処理が容易になります。このように，インプット処理力とアウトプット力の間には相乗効果が働くのです。

(3) Language-Focused Learning（言語形式の学習）

主に言語についての宣言的知識を意識的に増加させる活動です。語彙・表現・文法などが中心で，典型的な日本人にはやりなれた受験勉強的なところもある練習です。現有戦力の拡大策ですが，

(a) 内容を深く考えながらとりいれること（Levels of Processing）
(b) このstrandで学んだ内容に他の三つのstrandsで頻繁に出会うようにすること（大量学習と反復学習で保証されます）
(c) 定期的に復習しながら先に進むこと

を心がければ効果も効率も向上します。(c) の復習に関しては，記憶の崩壊は放射性元素のように指数関数的であって，時間が経つにつれて復習と復習の間の時間を長くしていくのが良いとされています。Paul Nationによると，このstrandの期待できる効果は

① 手続き的知識を直接的に高める（詳しいメカニズムは分かっていません）。
② 言語についてのsensitivityやconsciousness（感度や意識）が高まって後の効率学習につながる。
③ 言語を系統的に理解するのに役立つ。
④ 言語学習・処理に示唆を与える。

などです (2007, p. 7)。実際，語彙や連語・定型表現（formulaic sequences）の学習では，Language-Focused Learningの効果が検証されています (Boers, Eyckmans, Kappel, Stengers, & Demecheleer, 2006; P. Nation, 2001, pp. 296-316)。文法事項を中心にした総説としてはWilliamsのものがすぐれています (J. Williams, 2005)。

(4) Fluency Development（流暢さの養成）

　ここでいう流暢さは fluency であって，FLUENCY の方ではありません。よって，新しいことには手を出さずに現有戦力を最大限に使いこなす練習で，読・書・聴・話をカバーします。わざわざ Meaning-Focused Fluency Development とは謳っていませんが，ここでも意味を伝えることが活動の中心です。そもそも言語活動とは意味を伝えることがその根本の目的ですので，Transfer Appropriate Processing の考えからも，これは譲れません。それ以外の条件としては，

① 少なくとも宣言的知識としてはすでに知っているもの，もしくは，ほぼ100％近く分かっているものを扱う。
② 時間制限・計時などにより，速い処理を促す。
③ 大量学習を心がける。

などがあります。①ですが，内容が易しければ母語での読む力が英語に移行するというような結果も出ています（Bismoko & Nation, 1974）。②については，時間制限つきの練習（timed practice）が流暢さに好影響を与えるという結果が多数出ています（Chang, 2010; Macalister, 2000）。流暢さの向上とともに文法的な正しさや構文の良い意味での複雑さ・巧みさが増すとの結果も出ています（Arevart & Nation, 1991; P. Nation, 1989）。

　流暢さが増すと，一度に取り扱う語の塊のサイズが大きくなると Nation は言っており（P. Nation, 2007, p. 8），これは部分ではなく全体，今いる場所ではなく行先・目的地を見ることができるようになるという，学習者としての青谷の経験とも一致します。さらに流暢さ・正確さ・文構造の高度化の間には相互依存性が有り，協働的に発達していきます。これらの事実や特性が理由で，**流暢な処理はより良い伝達内容の理解に結びつく**のです。カタツムリのスピードで精読する方が，どんどん読むより内容理解が乏しいという状況すら起こりうるわけで，日本の英語教育への大きな警鐘です。こういう点も含め，流暢さに関する古典とも言うべき名論文を Schmidt が書いています（1992）。

　なお，Paul Nation は，同じ教材を反復的に使うのも，次々と違った教材を使っていくのも，母語での読解訓練では効果は同じであったとの結果（Kuhn &

Stahl, 2003) を引用しており，青谷には「これは外国語学習にも当てはまるであろう」と言いたげに「見える」のですが，異なった教材の大量学習とは別個に，反復による大量学習も有意義かつ必要であるというのが，青谷の見解です。スピーキングのみに話を限るなら，練習量が同じでも反復練習のみが手続き的知識の養成に繋がったという結果も出ています (de Jong & Perfetti, 2011)。

　一般論ですが，分かるからスラスラできるというのも本当でしょうが，スラスラできれば分かりやすいというのも，また真なりだと思います。そういう意味で発展途上の知識を使いこなす fluency は大変大切なのです。小学校低学年ですが，21−9 を筆算でやるときに，「1 借りて」と教えられます。でも最初は「借りる」の本当の意味，つまり「実際には 1 ではなくて 10 を借りているとか」，は必ずしも明確ではないのではありませんか？　でもしっかりと「1 借りて」が自動的にできるころには，何が起こっているのか分かるようになっています。まあ，そんな感じでしょうか。

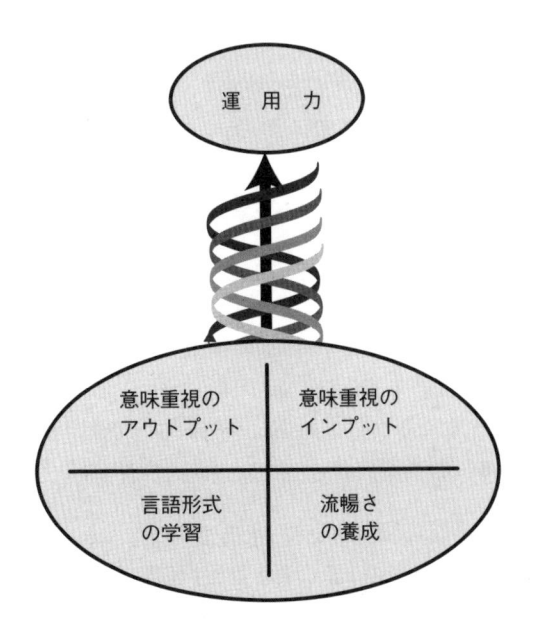

Figure 3　教育・学習の四重螺旋。運用力（真ん中の垂直方向の矢印）を四種類の訓練が支えますが，運用力の高さ（矢印の長さ）はもう一つの strand である総学習時間に強く依存します。

以上，理論的フレームワークとしての学習の四重螺旋（The Four Strands：Figure 3）は Meaning-Focused Input（意味重視のインプット），Meaning-Focused Output（意味重視のアウトプット），Language-Focused Learning（言語形式の学習），Fluency Development（流暢さの養成）でしたが，これらを strand ごとにはっきりと分けて練習するのはかえってやりにくいので，実際には読・書・聞・話の4技能ごと，また教材ごとの練習になります。

> **こんな話**
>
> **DNA の四重螺旋**
>
> 　細胞分裂のたびにだんだん短くなって，細胞の老化，よって人間の老化，を引き起こしたり発がん率を高めたりするとの説が有名なテロメア（telomere [téləmìə]）ですが（Wikipedia contributors, n.d.-e），この部位は遺伝子の端っこで同じ塩基配列が繰り返されているそうです。DNA は普通は二重螺旋ですが，この部分に関しては四重螺旋（quadruple helix）だと分かっています（Petraccone, et al., 2005; Sen & Gilbert, 1991）。ですので，知識の二重螺旋にも学習の四重螺旋にも，ともに DNA の構造からの analogy が使えるのです。

1.7　精と多の二重螺旋
（Intensive-Extensive Dichotomy: Depth and Breadth）

　実際の練習に使う，よりシンプルなフレームワークは Intensive-Extensive Dichotomy（精と多〔の二重螺旋〕）で，これは練習内容を

　　Intensive Exercise：精読のように詳細に注意をはらう練習（Detail-Oriented）
　　Extensive Exercise：多読のように量をこなす練習（Volume-Orientation）

に大別するものです。深さと幅（depth and breadth）の二重螺旋でもあります。Intensive Exercise は宣言的知識の獲得（＝現有戦力の拡大）に貢献し，

Extensive Exercise は fluency の養成（現有戦力の最大活用）に貢献します。Intensive Exercise には自分の英語のレベルからそれより少し上のレベルの教材まで使用できますが，Extensive Exercise にはレベルを1，2段階下げたものを使うのが基本です。青谷は Intensive Exercise（Detail-Oriented）を **I DO**，Extensive Exercise（**Volu**me-Orient**at**ion）を **Evolution** と呼んでいます。このようなフレームワークの有用性は第 II 部の具体例を見ればもっと明らかになると思います。実はこの「精と多」という概念は言語学習の様々な側面にあてはまり，たとえば語彙においても各単語・表現のより深い理解と，知っている単語・表現の数の増加の両面から学習戦略をたてることができます[18]。

最後に戦略上有用な考えをもう一つ。

1.8 弱点の脳内データベース：DEAR と拡張 DEAR

DEAR（Database of Errors and Ambiguous Representations）[19] は自分がよく犯す間違い（Errors）やどれが正しいのか確信が持てない事柄（Ambiguous Representations）の脳内データベースです。実際には言語野にそういう場所があるわけではないでしょうが，常に Errors と Ambiguous Representations をしっかりと意識していることが大切なので，青谷はこういう名前をつけています。Errors に関しては，DEAR に載っているということは，それが誤りだとは分かっていてもそれでも犯してしまう誤りであって，宣言的知識の問題ではなくパフォーマンス（手続き的知識）の問題です。普段から

---

18) 一般論としてもそうかもしれませんが，英語力と英語学習に関しては二側面を対比させる「二面性」に基づいた見方が大変役に立ちます。主なものは「知識：宣言的知識 vs. 手続き的知識」，「構造：柔軟性 vs. 堅牢性」，「処理：統制的 vs. 自動的」，「意識：意識的 vs. 無意識」，「戦略：戦力の拡大 vs. 現有戦力の活用」，「訓練（出入）：インプット vs. アウトプット」，「訓練（焦点）：精 vs. 多」などですが，本書では「宣言的知識 vs. 手続き的知識」，「戦力の拡大 vs. 現有戦力の活用」，「精 vs. 多」のトリプルプレー（三つの二重螺旋が形成する三重螺旋）で英語に迫ります。

19) 日本語では間違い・曖昧事項のデータベースで Ma 違い，Ai 昧，Database から DEAR ではなく MAD となっています。

意識していれば前景化（foregrounding）が進んでいて，それが間違いだという記憶痕跡（memory trace）が強いので，自分がその間違いを再び犯したときの **Corrective Feedback（修正フィードバック）**[20] の効果も大きいのです。そういう誤りを犯さなくなるとDEARから外れることになります。他方 Ambiguous Representations は正しいのかどうなのかあいまいだと明確に認識されながら脳内に格納されている知識です。あいまいな知識でも，その知識があいまいだとしっかりと認識していれば，誤った知識が化石化（fossilize）してしまうこともありません。さらに拡張DEAR（the Extended DEAR）として，ふだんから言いたいが英語ではうまく表現できないことを，どういう状況で何を言いたいのかという環境情報も含めて強く意識しておきます。データベースのこの部分は **WELL**（Words and Expressions to be Learned Later：well 自体は「りっ

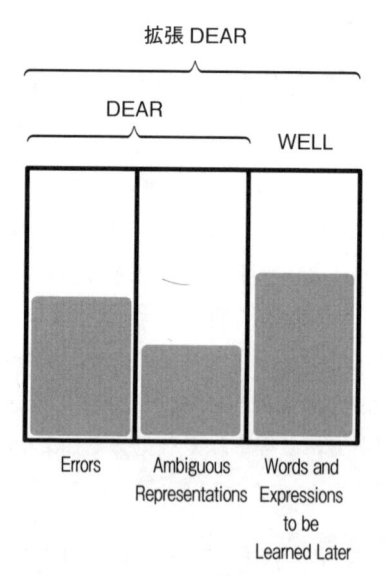

Figure 4　DEAR と拡張 DEAR は学習とともに常にエントリーが付加・削除され，内容もサイズもダイナミックに変わり続けます。

---

20) Corrective Feedback（修正フィードバック）とは，その名が示すように，学習者の誤りを指摘することで，英語学習に限らず学習一般において必須かつ大変有効であるとされています。普通は先生や周囲の人間，つまり外部，から指摘を受けるのですが，人間の頭には発話などを含む自分の行動を監視するモニター機能があり，ここから Corrective Feedback がかかることもあります。

ぱに/な」と「泉」の意）と呼んでいます。このように前景化と記憶痕跡の強化が普段からできていれば，自分で調べるにせよリーディングやリスニングの中で出会うにせよ，実際に正しいものを知ったときに，より深い学びが可能になります。Levels of Processing のフレームワークで考えれば，deep processing ということになります。普段から意識的にこの DEAR を脳内に構築しておくことが大切です。もちろん，最終目標は DEAR のエントリーをゼロにすることなのですが。

これで第 I 部終了です[21]。

まとめ 2

勉強のフレームワーク

1. 意味重視のインプットとアウトプット，言語形式の学習，流暢さの養成が訓練のコアとなる四重螺旋を形成する。

2. 精読と多読のような精と多の併用が有効である。

3. 脳内に弱点のデータベース（DEAR）を構築すべし。

---

21) ところで，知識の二重螺旋，学習の四重螺旋，戦力の拡大と戦力の最大活用の二重螺旋，精と多の二重螺旋と来れば，「三重螺旋は？」と尋ねたくなりませんか？　この本の目指すところとは，直接的関係はないので，詳説はしませんが，実は「**教材・訓練法の三重螺旋**（The Triple Helix of Materials and Training Regimen）」というのもあります。Implicit-Explicit Dichotomy（精と多），Diversity, Comprehensiveness, and Integration（多様・包括・統合），Optimization（最適化）がそれで，もう一つの **I DO** です。ちなみに，Diversity, Comprehensiveness, and Integration は，多様で英語力の全体をカバーし複数の技能を統合する（たとえば聞きながらメモを取る）教材・訓練の使用で，Optimization は，またの名を Dynamic/Continuous Optimization と言い，学習者のレベルの変化に合わせて教材を変えていき，常に最適状態を保つというものです。詳細はまたの機会にしますが，最後に生化学つながりを紹介しましょう。二重螺旋と四重螺旋は DNA の主要部分とテロメア部分でしたが，三重螺旋構造もちゃんとあります。実は女性の味方コラーゲン（collagen：正しい発音はカラジェ（ャ）ン [kɑˈlədʒən]）は三重螺旋構造をとるのです（Wikipedia contributors, n.d.-c）。

第 II 部

結果を出した学習法

2.1 大人の英語学習：「かくしき」を重んじる
2.2 語彙の強化
2.3 聞　く
2.4 読　む
2.5 話　す
2.6 書　く
2.7 スピードの目安：ネイティブ vs. ノンネイティブ

受験勉強でもどんな訓練でもそうですが，最終的には各人が独自のやり方を構築せねばなりません。しかし，Ericsson が主張しているように，熟達にはコーチングが必要です (2007)。基本をおさえてこそ応用に進めるわけですし，一般論・概論を学んでから各論・具体例に進み，その後で自己流も試みるのが正しい道筋です。第Ⅱ部の中心はそのままトレーニングに使える各論と具体例です。基本は京都大学の授業で使用している教材と訓練法で，教材のほとんどはWeb で公開しています。勉強法の勉強は運用力養成の大切な第一歩ですし，10年もの長い道のりですから最初に時間を少し取って効果と効率を追求する賢いやり方を学ぶ方が，焦ってやみくもに先を急ぐより，明らかに得策です。全体をじっくりと読みながら具体例を学習し，納得ずくで訓練に取り組めるよう万全の準備をしてください。受験勉強を普通にやった人なら，このメニューをこなすことで必ず運用力が身につきます。

こんな話

恥部も患部も曝け出す

　青谷は人当たりも良くないし，教え方も発展途上です。しかし，英語に関する各方面からの信頼度は卓抜しています。なぜだと思いますか？　幾多の英語テストでの満点は，必要条件ではあっても十分条件ではありません。テストの点なんかよりはるかに説得力の強いもの，それは「恥部も患部も曝け出す」正直な態度，自らの限界も間違いも公開・公表する姿勢です。自信のない手術でも平気でやってしまう医者を信じられますか？　実力がないのにそのことすら分かっていない医者や教員に頼りますか？　自分の英語力の欠陥をひた隠しにする英語教員が信頼できますか？　日本人の大人に英語が教えられるのは，自分も同じ道を通った日本人の英語教員だけです。互いに恥部も患部も曝け出して精進を続けるんですよ。それ以外にどんなオプションがあるというのですか！　渾身の努力の結果まだ残っている問題点は恥でも何でもありません。もしそうなら，ほとんどの人間は存在自体が恥ずかしくてしかたがありませんよ，きっと。

2.1 大人の英語学習：「かくしき」を重んじる

　大人の英語学習は勉強です。赤ちゃんのような「吸収学習」（英語では"learn by osmosis"〔浸透によって学ぶ〕という表現があります）はありません。計画的・本格的・多角的・組織的・意識的・形式的学習が必須で，これを青谷は「かくしき」を重んじる学習法と呼んでいます。多分一番大切なのは「意識的」で，とにかく勉強なので漫然と英語に触れてもできるようにはなりません。アメリカに何十年も住んだのにいまだに"Thank you bring it up."（正しくはもちろん"Thank you for bringing it up."「その話を出してくれてありがとう」。たとえば先生の説明の一部が抜けていて，そこを誰かが尋ねてくれた場合とかです）などと言い続けている人が本当にたくさんいるのは，まさにこの意識的学習がなかったからです。英語学習が勉強だと認識できれば，「計画的」と「組織的」はすぐにわかりますし，「多角的」は言語使用という技能が本当に複雑であることと，読・書・聴・話の4技能が必要であることからも容易に理解できると思います。10年かかるスキルですから，腰を据えた「本格的」な学習は当たり前。最後の「形式的」だけがやや misleading（誤解をまねく）かも知れませんが，国語辞典で意味を見ていただくと，「形式に関するさま，特に形式を重んじるさま」と出ており，ここでは言語形式の学習（Language-Focused Learning：1.6節参照）を指すに過ぎません。語彙・表現・文法・構文などに焦点をあてて，宣言的知識を中心に身につけることです[1]。うわべの形式だけを整えるという意味では決してないので念のため。英語学習は政治ではありませんからね。人間の言語能力は一生に一度だけ，ほぼ自動的に獲得できます。母語の獲得がそれですが，新しいソフトウェアを最初にインストールする場合のように，ここはどうしますか（たとえば，どのフォルダーに保存しますかとか）と向こうから尋ねてくれるたびに周囲の大人の言語使用状況に照らし合わ

　1）　英語圏に何年も留学した人でも，「自分の英語の原動力は日本で得た文法等英語についての知識だ」と述べることが知られています（Sasaki, 2011）。学者や教育者が主張する宣言的知識の大切さは，学習者の実体験でもあるのです。

せて正しい選択をすれば良いだけですので，これは auto-piloting（自動操縦）です。しかしながら，大人の場合には母語用の初期設定が終わっている状態からの出発です。同じ言語といえども，英語用に設定を変えねばなりません。普段使っているソフトウェアの振る舞いをカスタマイズしようとすると，ネットや Help file から得た知識に基づいて，意識的にオプションの設定変更作業を行わねばなりません。しかも，使い慣れない設定にすると最初はなかなか円滑な使用ができませんね。これが「かくしき」が必要な大人の英語学習で，しかもソフトウェアと違って，せっかくの再設定も慣れるのに 10 年単位の時間を要するという壮絶・壮大なプロジェクトなのです。

こんな話

"I think the"

アメリカの英語プログラムに参加した日本人が，しゃべれないために初級クラスに入れられ，会話の授業は妥当なレベルでも，中学生のような文法の授業をされて辟易することがままあります。そしてその最大の理由は「かくしき」を重んじる英語学習を怠り，言語的には大人になっている（既述のごとく小学校高学年でも，言語学習に関しては十分大人です）のに，耳コピー的な勉強だけをしてきた他国からの学生です。たとえば隣国のメキシコでは英語を聞く機会が日本とは比較にならないほどたくさんありますし，話す機会もあります。少しぐらいは我流でも通じるし，ネイティブスピーカーもいちいち直すのは面倒なので意味が分かれば何も言いません。それが理由で，文法的にはダイナミックな間違いをする人も多く，基礎から教えざるを得ないのです。そんな中でも僕が仰天した誤りは，"I think the" で，正しくは "I think that" なのですが，音だけなら確かに "I think the" でも代用できそうです。"I think the he is very kind." と "I think that he is very kind." の違いなどは，文法的には disaster と呼んで良いものですが，音的には訛りだと思って聞くとほとんど気にならないかも知れません。でも日本人にはとうてい考えられませんねぇ，こんな誤りは。

それでは，「語彙・表現・文法」「聞く」「読む」「話す」「書く」の順で勉強法を見ていきましょう。この本で重点をおくのは圧倒的に「話す」，続いて「聞く」「読む」が同レベルで，最後が「書く」です。それから，ここに書いてあることを全部やらないといけないわけではありませんし，全部ができるはずもありません。Pick and choose（取捨選択）でお願いします。

2.2 語彙の強化

　文法は高校の英文法を覚えていれば十分ですし，受験時代にある程度の英熟語は覚えたはずですので，表現なども今はそれで十分です。頻出表現や英語らしい言い回しなどは，インプットの大量処理（リスニング/リーディング）を行い，実際の生息環境の中でそれらに出会うことによって学んでいくのが一番だからです。頻出表現の例文の価値はここにあるのですが，例文は文字通り文に過ぎず，表現の生息環境とはもっと大きな脈絡・状況の中での話ですので，実際にそれらを使用することを考えると，Transfer Appropriate Processing（転移適切性処理：1.5節参照）の観点からも，インプット処理の中で遭遇するたびに学んでいくのが最も効果的・効率的です。各単語は分かるが，塊（chunks）・連語としては意味が分かりにくい状況ですので，単体の記憶の蓄積よりは，このやり方が良いのです[2]。まとめますと，受験勉強の復習が不要な人は，表現に特化した学習は，別枠としてはしなくても良い，となります。それが理由で，この節の名前には「語彙の強化」と「語彙」しか出てこなかった

---

[2] 学校英語でも"make a killing"（「大儲けをする」）のような英熟語（idioms）は覚えますが，より広義の用語として固定・連結された単語群が特別な意味を持つ phrasal expressions（句表現）/ formulaic expressions（定式表現）があります。たとえば，「動詞＋（副詞）＋前置詞」形式のものは phrasal verbs（句動詞）と呼ばれ（Liu, 2011, pp. 683-688），「進み続ける」「（時間が）経過する」の"go on"や，「もちこたえる」の"hold out"がその例です。さらに，親和性の強い単語が必ずセットで出る言語現象を collocations（共起）と呼び，heavy rain や strong wind が正しく，strong rain と heavy wind は誤りなのは collocation の縛りです。ネイティブが 2000 語で日常会話を片付けるのは phrasal expressions や collocations の知識の賜物なので，上記 Liu の phrasal verbs の表や，Martinez の PHRASE List（http://www.lextutor.ca/freq/lists_download/phrase_list_martinez.htm）を，まず宣言的知識として学んでください。

のです。

　もちろん単語についても，生息環境の理解は大切なのですが，意味的最小ユニットである単語は，大人の場合には大量の丸暗記がまずベースにないとインプット処理が始められませんので，こっちの方は単体で覚えます。第Ⅰ部の1.3節「流暢さ養成の4要素」の「十分な宣言的知識」の項で，Paul Nation によると，リーディング（書かれた英語の理解）には 8000 から 9000 の word families，リスニング（スピーチの理解）には 6000 から 7000 の word families の知識が必要 (Hirsh & Nation, 1992; I. S. P. Nation, 2006) で，大学生は 10000 の word families が必要 (Hazenberg & Hulstijn, 1996) と書きました。よって **7000 から 10000 語**（正確には word families）**くらいは覚えるべきです**。大学4年間で 10000 word families を目標にされたらどうでしょうか。すでに 3000 から 4000 word families は受験時代にできているはずですし，10000 word families くらいまでは覚えれば覚えるほど覚えやすくなる側面があり，多読・多聴[3] の際に頻出するので，自動的な復習もできます。

　Nation と Waring（1997）は代表的な単語リストとして

　　The General Service List（Bauman, n.d.; Gilner, 2011; West, 1953）
　　The Teacher's Word Book of 30000 Words（Thorndike & Lorge, 1944）
　　The American Heritage Word Frequency Book（Carroll, Davies, & Richman, 1971）

などを挙げています。しかし，われわれは英日対訳バージョンが欲しいわけですから，日本で出版されている単語集を使います。学生さんによく薦めているのは『JACET 8000 英単語』（相澤, 石川, 村田, 2005）という本で，1000 単語ごとに高校の教科書レベルとか，大学一般教養レベルとか，英語を仕事で使うビ

---

[3] 日本語には多読という言葉はあっても，多聴・多話・多書はありません。英語で多読は extensive reading なのですが，同様に extensive listening, extensive speaking, extensive writing も言えます。これらを説明的に訳すと長くなりますので，本書では多聴・多話・多書を使わせていただきます。Not willingly（好んでそうするわけではない）ですので，お許しください。なお，精読は intensive reading ですが，同じく詳細に注意を払うリスニングを intensive listening と呼びます。ただし，intensive writing/speaking に関しては，ごく一部の学者・教育者を除いてはあまり使わないようです (English Advantage, n.d.)。しかし青谷は，用語の簡素化のためにそれぞれ精聴・精書・精話と呼んでいます。

ジネスマンレベルとか説明されていて，日本人には大変使いやすい提示順になっています。ここまでで 8000 ですが，多聴多読などの練習も続けていれば，またアウトプット練習で分からない単語を時々チェックしたりもしていれば，8000 を丸覚えするころには，自動的に 10000 くらいにはなっているはずです。いずれにせよ，7000 から 10000 word families と言われるくらいで，10000 そのものがマジックナンバーではありませんので，これくらいで十分でしょう。ただし，必ず発音記号に頼って発音も一緒に覚えてください。意味・スペル・発音をセットで覚えないと，せっかくの単語の知識が使い物になりません。なお，幼児期を過ぎると耳コピー（音を聞くだけでまねたり発音を覚えたりすること）は不可能ですので，電子辞書やネットで発音が聞けても，発音記号の知識は必須です。単語を見て，発音を聞いて，発音記号を見て，自分でも発音してというサイクルをくりかえしている内に，ネイティブとは違うが，自分の出せる最良の音，かつネイティブが聞いて区別・理解できる音に落ち着いていくというのが，青谷本人の学習状況です。なお，実際には 10000 word families と一口に言っても，どの単語が重要・頻出単語かという点に関しては大きな個人差があります。最初の 2000 単語くらいはすべての大人にほぼ共通ですが，そこから先は職業，学歴，言語的な癖などによって単語の選択を含む言葉の使い方に大きな差があります。学生時代に，左官屋さんになった親友が「イデオロギー」という言葉（英語では ideology [àidiɑˈlədʒi]）を知らなくて驚きましたが，学生運動の嵐が吹き荒れるキャンパスに毎日出かける人間と，壁を一心に見つめている人間とは当然違います。こういうものは定量的には調べにくいですが，経験則としては単語使用の個人差は確立された事実ですね。

2.3 聞 く

青谷が若いころには，NHK 講師のようないわゆる英語の名人達が，「ノーマルスピード以外は耳が腐る」「ネイティブの英語以外は言語脳の汚染」「同じ洋画を何度も見る，1 日目は 5% の理解，2 日目は 10%，それで十分」と言いたい

放題でした。第二言語習得の研究はほとんどありませんでしたし，手に入る教材も英語を使う機会も非常に限られていたので，そんな中でアメリカ軍用の，もちろんノーマルスピードの，ラジオ放送などに必死で食らいついて英語をモノにした人々がそういう発言をするのもうなづけます。しかし，これは大きな誤りです (Waring, n.d.-b)。「意味重視のインプット」のところで説明しましたが，95から98％の単語が理解できて初めて意味処理の練習になります。**スピードが速すぎたり，内容が難しすぎたりしてはいけないのです**。リスニング練習は処理力養成が主眼で，Intensive-Extensive Dichotomy（精と多の二重螺旋）のフレームワークでは，Extensive（Volume-Orientation）の方ですので，とにかく自分の手（耳？）に余るものは避けます。

　普通は1分間の単語数（words per minute：WPM）で測られるスピードですが，内容理解のレベルには，このスピードと単語・表現の難しさや構文の複雑さが総合的に影響を与えます。テレビのニュースは大体毎分150単語，TOEFLのリスニングセクションは毎分150単語から180単語程度ですが，リスニングの処理能力養成にはこれが速すぎる人も多いのです。能力別・段階別に説明します。

　リスニング教材は四つの属性をもとに合計16種類に大きく分けることができます。16は2^4で，属性はスピード（遅いvs. ノーマル），語彙レベル（低いvs. 高い），スクリプト（script：内容を書き出したもの，テキスト）の有無，長さ（短い，長い）です。また，リスニング練習の目的は大きく二つに分けることができます。一つは処理能力（fluency）の養成で，もう一つは新しい語彙・表現・構文の獲得です。前者は手続き的知識の，後者は主に宣言的知識の獲得，前者は現有戦力の最大活用訓練で，後者は現有戦力の拡大です。ただし，新しい言語要素の獲得に関しては，リーディングの方がリスニングよりずっと効果的です。

　基本教材はスクリプト（テキスト）付きの，語彙レベルの低い，スピードの遅い教材です。スクリプトの有無はともかく，語彙レベルが低いとか，スピードが遅いとかいうのは相対基準であって，各人の能力レベルによって尺度が決まるのですが，ここでは典型的な京大生の練習法を具体的に説明しましょう。ことリスニングやスピーキングに関しては京大生だろうが東大生だろうが，日

本平均とさして変わりませんので，これが典型的な日本人のやるべきことです。

練習にあたって，Audacity や Sound Forge などの音声編集ソフトを用意することをお勧めします。Audacity はフリーソフトで以下のサイトからダウンロードできます。

http://audacity.sourceforge.net/

Sound Forge は 2012 年 2 月 5 日現在で，5000 円以下で売られています。マニュアル類やサポートが充実しているのは利潤追求を目的に売られている Sound Forge の方ですが，われわれは音源の一部を切り出したり同じ部分を繰り返し聞いたりするだけですので，サポートはそれほど必要がないとも思われます。まあ青谷自身は 5000 円出していますが。なお，教員の方々はこういうソフトウェアが一つあると教材作成に大変役立ちます。これらは本来は音楽編集ソフトなので，我々には不要な機能も満載ですが，逆に言えば，教材作成を含め，普通の作業ならまず不自由なくできるということです。

◉　ステップ 1：教材選択

以下で易しいものから順に自分のレベルにあった教材の選び方を説明しますが，すべての教材にスクリプトがありますので，聞く前にまずスクリプトを読んでください。読んですらすらと分からなければその時点でその教材はアウトです。最初に **Voice of America** の **Special English** のサイトに行きます[4]。

http://voaspecialenglish.com

Special English は，語彙を基本 1500 語とそのストーリーに必要なもっと難しい単語に限り，短めのセンテンスで原則一つのセンテンスが一つの内容に対応し，ナレーター（narrator）は大体 100 WPM（words per minute：つまり毎分 100 語）と普通のアナウンサーの 2/3 のスピードで読んでくれるという，学

---

4) 今はここですが，過去数年間で何度かサイトが再編・改善され，そのたびにアドレスが変わっています。一番簡単なのは，VOA Special English で検索することだと思います。なお，VOA のトップページは voanews.com と入れるだけで出て来ますので，そこから Special English にたどりつくことも可能です。2012 年 5 月 24 日現在の設定では VOA のトップページの最上部右端に Learning English というリンクがあります。

習者支援プログラムです（Voice of America, n.d.）。Special English について説明してあるサイトに行くと，passive voice（受動態）を使わないとか，idiom を使わないとか書いてあるのですが，1959年のプログラム開始当初ならともかく，今はそこまで極端な単純化はしていませんし，そこまで単純ではないのは，学習者にとってはとても良いことです。2012年5月24日のトップページはこんな体裁でした（voaspecialenglish.com と入れても，自動的にアドレスが learningenglish.voanews.com に変わります）。

写真の向かって右側に"More Stories"というリストがあり，"SHOWS IN SPECIAL ENGLISH"というタブ（tab）から多様なプログラムにアクセスすることもできます。この中から内容が分かりやすそうなものを選んでクリックします。この日（2012年2月2日）は，たまたま"When a Textbook Is Online, Not on Paper"（紙ベースではなく，オンラインの教科書）というトピックがありました。クリックするとテキストと音源が出てきます。スクリプトは見ないで音源を聞いてみましょう。画面左の"MULTIMEDIA"というセクションに下のようなアイコンがあって，クリックすればストーリーを聞けます。

どの程度内容が分かるでしょうか。内容が7,8割がた分かるが，聞けないところもあるなら，この教材があなたの処理能力養成教材です。なお，2012年5月24日現在の設定では，上記のアイコンをクリックすると別ウインドウが開き，そこから音源をダウンロードすることもできます。さらに，画面の右端には，

字幕（caption）付きのビデオも出ています。副次教材として活用してください。

　もし内容が全部聞き取れる上に，明らかにスピードが遅すぎるならノーマルスピードに進みます。本当はノーマルスピードの70％，80％，90％と小刻みに行きたいところですが，そういう教材は簡単には手に入りません。Audacity（これは無料），Sound Forge などの総合的音声編集ソフトや，もっとシンプルな Amazing Slow Downer などを使うと，理論上は20％位から数百％までスピードの連続変換が可能だと聞いたことはあり，また iPod なども含め，青谷本人も幾度となく試してみたのですが，素人にはスピードだけを変えて聞きやすい英語にするのはなかなか大変でした。変換しなくても録音時にゆっくりとしゃべっている Special English のようなものが一番です。いずれにせよ，物理の実験ではありませんので，ここの2/3からノーマルスピードへのジャンプは，そんなに気にする必要はないと思われます。学生さんたちからも，特に苦情は来ていません。しかし，ノーマルスピードに進む前に，遅い物が十分に理解できているかどうかを，くれぐれもしっかりとチェックしてください。学習者がリーディングに比してリスニングに困難を覚える最大の理由は，往々にして単にそのスピードです (Zeng, 2007; Zhang, 2005)。リーディングのように，自分のペースで次に進めませんからね。もちろん，聞き返しとはだいぶニュアンスが違う読み返しもリーディングに固有の現象ですが。

　ノーマルスピードの教材には二つのレベルがあります。レベル1は TOEFL などのテスト問題（ノンネイティブ用）(Educational Testing Service, 2005, 2009, 2012; Phillips, 2004; Rogers, 2010)，レベル2はたとえば Voice of America の regular programs（ネイティブスピーカー向け）で，スピードは似ていても，当然ネイティブ用のレベル2がより高度です。まずレベル1の TOEFL。ここに引用している TOEFL の本には CD が付いていますので，実際の音源を聞き，Special English の場合と同様の判断をします。ほとんどの学習者はこのレベルで十分なはずです。TOEFL の問題集は，上記に引用した ETS の直接編集以外にも，多くの日本の出版社，また海外では Princeton Review, Kaplan, Heinle, Longman, Barron's などから多数出ていますし，毎年新しいバージョンが出ます。反復練習もあるわけですから，10年間やり続けても教材がなくなることは絶対にありません。TOEFL のテスト問題が易しすぎる人（もし実際

のテストで、あるいは練習用のテストで満点近い点がとれないのであれば、「易し過ぎる」は単なる幻想です）は、もはやリスニングの意識的訓練はほぼ必要のない人ですが、VOA の regular program を試してみられてはいかがでしょう。

　http://www.voanews.com/
voanews.com と打ち込むだけで自動的にこのサイトに行きます。特にトップページの下の方には過去に出たトピックが示されていて、聞きたいものを選ぶことができます。🔊は音源がある印、🎥は動画が見られる印です。スクリプトはすべてに付いているのですが、実は完全ではありません。編集途上のものを載せているのか、時々音源と大きく違っています。しかし、このレベルの人ならこれで十分です。なかなかネイティブ用なのにスクリプトも出してくれるサイトや放送局はありませんので、これは貴重なリソースです。なお、音源やビデオは Special English 同様、ダウンロードできます。

　これより上級の例としては、定時ニュースやニュースのダイジェスト版的な物があります。1, 2 分の間にその日に起こった主要ニュースなどをすべて詰め込んでいるので大変早口で、青谷自身も分からない単語や表現がしょっちゅう出て来ます。たとえば、VOA の regular program のトップページ (http://www.voanews.com/) の上の方で「HOME」「USA」「AFRICA」「ASIA」などのタブのある青い帯のすぐ下には赤い「Live stream」というボックスがありますが、ここをクリックすると出て来る「Latest Newscast」という項目がその一例です。話のタネに聞いてみてください。もっとも、ここまでの力がある人はリスニングの練習などまったく不要ですので、これは教材ではありません。あくまでも話のタネです。

これです

実質的には，**TOEFLの問題がリスニング練習教材の最高峰**で，それ以上の力の人にはリスニングの訓練は不要です。TOEFLの問題についてもう少し詳しく説明しましょう。TOEFLには2種類のテストがあり，リスニングの問題は5種類あります。二つのTOEFLは，TOEFL iBT（internet-Based TOEFL）とTOEFL PBT（Paper-Based TOEFL）で，TOEFL iBTには3から5分くらいの長さの会話とレクチャー，TOEFL PBTには10秒程度の会話と1分強の長さの会話およびショートトークがあります。実は京大生をはじめ，日本の大学生の多くが苦手とするのは10秒程度の会話の後で質問に答える問題で，少なくとも京大生は3から5分の長い聴解問題が一番得意です（Aotani, 2011a, 2011b）。これは聴解力が音そのものを耳でとらえる力，センテンスレベルの意味理解，全体の意味の把握と三つの部分に分けられるからで，日本人は音そのものをとらえる力が決定的に不足しています。センテンス数が多いと，一部の音や単語をとらえられなくても他の部分の理解で補うことができます。98％の単語が分かれば意味が取れるというのと同じ原理です。ところが10秒の会話の問題ではセンテンスは二つかせいぜい三つしかありませんので，1単語が分からないと命取りになります。ちなみに，3分を超えるような聴解ですと，主要点や話の流れの理解はリーディングでのそれとの共通点が多くなり，単語レベルの聴解力がある程度あれば，リーディングと長いリスニングとの間の相関は，短いリスニング（10秒会話）と長いリスニングの間の相関関係より強いという，予期せぬ結果が出ています（Aotani, 2011a, 2011b）。いずれにせよ，すべての側面がそろってこそ聴解ですので，全タイプを試してください。

◉ ステップ2：リスニングの第1ステージ（「全体」を聞く）

とにかくまず全体を通して聞き，その後で部分部分に分けて少しずつ聞いていく。全体も部分も必要に応じて複数回聞く。これが基本です。しかし，教材のレベルや長さが各人で違うわけですし，個人の能力も色々ですから，途中で何が何だか分からなくなる場合もあると思います。そういう場合には最初から部分部分に分けることになります。さらにリスニング力や集中力（concentration）には個人差があるので，そこは自分流でお願いします。これが「まず全体を聞く」の本当の意味です。

この全体を通して聞くフェーズは意味処理能力・手続き的知識・fluency（現有戦力の最大活用）の訓練です。最低でもパラグラフ長の音源で，各文の内容に加えて文の間のつながりも理解します。「（すでに聞いた部分に基づいた）次の文・内容の予測 → 音の把握 → 意味処理 → すでに聞いた部分との意味的統合 → 次の予測」のサイクルで聴解が進むのですが，実際には，新しい内容が入ってきてすでに聞いた内容の意味がより明らかになったり，聞いた内容と自分の経験を比較したり，情報が自分にどれだけ有用か考えたり，様々な脳内電流が並行して流れるので，思考自体はかなり非線形に進行します。言い換えれば，このように多くの内容が同時多発的に処理できてこそ人間の聴解ですので，それなりの能力・脳力と脳の余力が必要。95から98％単語が分かることや，分かりやすい内容の英文の使用を強調するのは，この脳の余力が期待でき，「音の把握 → 意味処理」のみで脳が忙殺されないように保証するためです。

このフェーズのもう一つの役割は，間違いの洗い出しです。分からない部分が出て来るたびに，それを脳内データベースに蓄積しておきます。もっとも，この過程は意識しなくても進行すると思いますので，「蓄積しておく」というよりは「蓄積される」と言った方が良いかもしれません。この分からない部分をチェックするのが次の二つのステップです。

● ステップ3：リスニングの第2ステージ（「部分」を聞く）

分からない部分を複数回聞く練習です。どの音・どの部分の内容が把握できていないのか頭に印象付ける効果があり，それはそのまま効果的な学びにつながります。何度も聞く内に分かる場合もあるでしょうが，スクリプトを見ないと分からない場合も多いはずですので，それが次のステージです。ところで，分からない部分を何度も聞きたければ，ダウンロードした音源の該当部分を切り出し，looping（同じところを何度も連続的に再生すること）をかけるのが便利です。簡単にお見せしましょう。元のファイル名はFile.mp3で，ここで使っているソフトはSound Forge Audio Studio 10 (free trial version) です。他のソフトでも基本は同じですので，これを参考に設定してください。

① 最初に元ファイルがダメージを受けないように，File_copy.mp3を作ります。

青谷の日本語版の Windows 7 でファイルのコピーを作ると，自動的に File-コピー.mp3 という名前になりますが，ファイル名に日本語が入っていたりスペースが入っていたりすると，文字化けを通り越してエラーを出すサイトやシステムもあります[5]。一般的互換性やグローバリゼーションの時代ですから他国・他言語圏の英語学習者・教育者との資料交換の可能性も考えて，File_copy.mp3 のような名前を使う習慣をつけられることをお薦めします。

② まず，「File」→ Open で File_copy.mp3 を開きます。

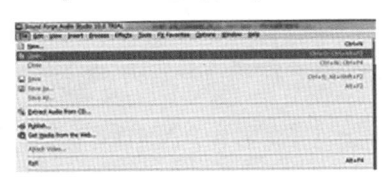

③ 次に左クリック（left-click）とドラッグ（dragging）で，くりかえし聞きたい部分を選び，ctrl＋c または Edit → Copy でコピーします。

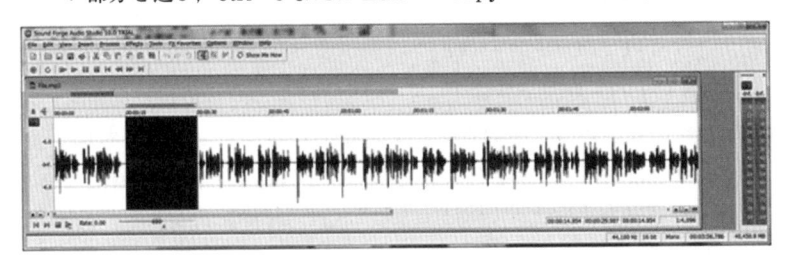

④ File → New → OK で新しいファイルを開き，ctrl＋v または Edit → Paste で該当部分を貼り付けます。後は下に示したバーで左から二つ目の右回りの矢印をクリックし，左から四つ目の矢印をクリックすると looping 再生が開始します。

● ステップ４：リスニングの第３ステージ（スクリプトの使用）

ステップ３で分からないところがどこか分かりましたので，スクリプトで確

---

5) たとえば，青谷のサイト（http://aoitani.net/）は本家アメリカの Yahoo! のサーバーに乗っているのですが，日本語やスペースがファイル名に入っているとエラーメッセージが出て，アップロードできません。日本にいるとなかなか実感できないことですが，日本語等のいわゆる全角というコンセプトは必ずしも世界のすべてのシステムが熟知しているわけではないのです。一つのスペースと連続したスペース（スペーススペース）の違いなども時に曲者だと聞いています。

認します。Voice of America の Special English を使っている人は，音が取れなかったから分からなかったというケースが圧倒的なはずですが，TOEFL 教材以上なら，読んでも分かりにくいものもあるでしょう。音が取れないというのには少なくとも三つの原因があって，

① 単語の発音の宣言的知識がなかったり間違っていたりする。
② 音を取り込んで処理するスピードが遅くて次々と連続的に入ってくる音に対処できない。
③ 前後の単語・音との兼ね合いによる発音の変性について行けない。

がそれです。①は耳コピーや我流発音の人には日常茶飯事で，宣言的知識ですので発音記号も学んだうえで，各個撃破を図るべきです。フランス語系，ドイツ語系。ギリシア語系等々の単語や表現の集合体であり，発音の系統的学習もなかなか困難な英語ですが，あるていど学びが蓄積すると，「英語の発音とは概してこういうものである」という勘[6]が芽生え，なんとなく分かることも多くなるものです。Little がリトルよりもリル的に聞こえるために分からないとか，スペリングに引っ張られて単語が把握できない場合などもこれにあたります。②は各音素（phoneme），各単語の音的処理の手続き的知識化で解決できます。最後に③は connected speech（連続音声）などと呼ばれるもので，たとえば疑問文の冒頭の "Had you" の発音は [ˈhædʒu] または [ˈhædʒə]（無理にカタカナで書くと，ハッジュやハッジャでしょうか）ですが，ハッド　ユー的に覚えている人には，これがすでにきついですね。Word recognition（単語認知：連続的に流れてくる音を単語単位に分けて各単語を認識すること）は英語学習者が直面する大きな問題の一つです。ただし，経験値の蓄積で大体分かるようになるのがひとつと，さらにもっともっと大事なことなのですが，この本のメインであるスピーキングの練習を重ねれば，自然とこのような話し方になり，自分の発音や話し方を他人もするというだけですから，当然ごく容易に理解できるようになります。単純に言うと，connected speech などは流暢さ（ここでは主にスピード）と現代人の解剖学的に見た口や喉の構造の産物に過ぎないので

---

[6] 技能には違いないのですが，手続き的知識とも呼びにくいし，単語一つ一つの個別の発音の知識よりはもう少し抽象化の進んだものです。良い言葉がないので，いつも「勘」と呼んでいます。なお，既述のように，単語の意味や発音にアクセスする過程はネイティブでは手続き的知識です。

すから。
　このステージはリーディングともかぶりますが，主に新しい宣言的知識の獲得に役立ちます。

● ステップ5：リスニングの第4ステージ（聴解の仕上げ）

　講義や講演でも同じですが，最後の締め・まとめが，内容が印象に残るためには大切です。これを anchoring（直訳はイカリをおろすこと）と呼ぶ場合もあるのですが，これにあたるのが最後の仕上げの全体聴解です。全体を聞くことと，スクリプトを読むことを納得がいくまで，または時間の許す範囲で，くりかえしてください。やることは二つあります。まずスクリプトを見ながら全体を，あるいはパラグラフなど大きな単位を，通して聞くこと，続いてスクリプトを見ずに音だけをたよりに全体の聴解を試みることです。われわれのリスニングの主要目的ではありませんが，語彙習得に関してはリスニングのみでは効果がなかったが，Listening-while-Reading（スクリプトを読みながら聞くこと）をやれば習得効果があったとの報告もあります (Ronan Brown, Waring, & Donkaewbua, 2008)。習得できた割合は28単語中1単語でしたが，3か月後にも覚えていたそうです。いずれにせよ，全体聴解の際にはスクリプトの使用・不使用の両者をやってみるのが良いでしょう。

● 番外：スクリプトのない教材

　たとえば VOA の Special English は毎日30分間放送しており，最初の10分くらいにニュースが入っていることがあります。この部分は current topics（時事ニュース）で，スクリプトはないようですが，すでに知っている出来事も多く，固有名詞をのぞけば内容の理解は比較的容易です。スクリプトを再々チェックする学習に疲れたら，この部分の聴解も試みられると，とても良いと思います。最新の30分プログラムへのリンクは

　　http://voaspecialenglish.com/

の上から3分の1くらい下がったところにある「World News and More」という赤字のタイトルがついた四角い絵でこれも音源のダウンロードが可能です。

脚注でしか紹介しなかった教材・訓練法の三重螺旋（The Triple Helix of Materials and Training Regimen）の中に Diversity（多様性）や Comprehensiveness（包括性）がありましたが，スクリプトのないリスニングもその一つです。当然ながら日常の英語使用におけるリスニングにはスクリプトはありませんので，Transfer Appropriate Processing（転移適切性処理：1.5節参照）の観点からもスクリプトのないリスニングも大切です[7]。

　これらのステップを繰り返し，TOEFL レベルができるようになった時点で，聞いて理解できる教材のレベルを上げていく練習という意味での聴解練習は終了です。ただ，この時点で完成しているのは，宣言的知識に頼った高速の controlled process（意識的に制御された処理）に過ぎない場合もあるらしいので（Paradis, 2009, pp. X, 6, 8, 25），大量練習と反復練習は，手続き的知識が完成するまで続けます。手続き的知識が獲得されたのかどうかを調べるもっとも信頼度の高い方法は，現時点では脳内電流や血流を調べることですが，典型的な英語学習者・教育者は当然脳科学者ではありません。しかし，英語聴解の手続き的知識化（proceduralization）が自動化（automaticity）に結びつくことを利用すれば，自分自身でもかなり正しい診断ができると思います。

- 頭の中で高速で日本語に訳している。
- メモをとらずにしっかり聞く方が，設問によく答えられる（テスト形式の場合）。
- 単純な手作業でも聴解に影響を与える。
- 内容の違う簡単な英語を読みながらの聴解はほぼできない。

上記の質問に「はい」と答える内は，英語の聴解が宣言的知識に頼ってなされ

　7）　勘違いしないでいただきたいのは，注意を集中もさせないで，漫然と音を流しているのが駄目なのであって，分からないところをすべてスクリプトでチェックして全体を理解しきらないとリスニングの練習にならないと言っているのでは断じてないということです。間違い・曖昧事項のデータベース（Database of Errors and Ambiguous Representations：DEAR）を思い出してください。注意を集中させ，分からないところは分からないとはっきりさせながら聴解をすれば，十二分に習熟効果が期待できるうえに，将来正解に遭遇したときの印象付けの下準備にもなるのです。これは Levels of Processing の考え方で理解することができます。聴解は英語では Listening Comprehension ですが，Comprehension とは字面の理解ではありません，聞いたことを自分なりに解釈してこそ本物の Comprehension であり，そのためリスニングとは LIstening すなわち Listening Interpretation であるとも言われます。

ており，まだ技能として確立していません。一番上の「頭の中で高速で日本語に訳している」に関しては，英文を理解した後で，その要点などが日本語でも出て来るというのであれば，問題はありません。ここで問題にしているのは，聞きながら単語やセンテンスレベルで無意識にもせよ逐次日本語に訳す行動です。

　復習になりますが，そもそも大人が英語にさらされるだけでは吸収的な習得はできず，教えられたり意識的に学んだりしなければならないのは，すでに母語の文法などが身に付いてしまっているのが大きな理由だと考えられています (Paradis, 2009, p. 96)。これを母語による干渉（interference）というのですが，母語の影がはっきりと見え隠れする内は英語習得がなっておらず，「頭の中で高速で日本語に訳している。」をまっさきに挙げたのはこれが理由です。ちなみに青谷を含め英語の上級者は理解が英語で完結しているので，単語やセンテンスレベルで日本語に訳せと言われると，戸惑うことがよくあります[8]。英語では頻出し，意味はよく分かっていてもその英和辞典的訳との間のコネクションが脳内にないからです。なぜ英単語と日本語の単語の意味がつながっていないのでしょう？　単に英語で自己完結している言語活動に不要だからです。その反面当然内容は理解できているので，たとえば「その本には何が書いてありましたか？」のような全体的な質問には淀みなく答えられます。英語ででも日本語ででもです。第III部のプレビューになりますが，なぜでしょうか？　それは本全体に何が書いてあったかという理解は，それを描写する言語として蓄えられているのではなく，「思考・概念」のレベル（後述。3.13節 Figure 11 参照）に昇華した形で蓄えられているからです。「思考・概念 → 言語」と流れる言語化の過程で，日本語に流すか英語に流すかを選ぶだけなので，どちらでも容易に説明できるのです。

---

[8]　これが理由で青谷は通訳があまりうまくできません。サイエンスの知識と英語力のコンビネーションという意味で，余人にはアカデミックな内容の通訳はできかねるとのことでよく頼まれるのですが，英語をカタカナにしただけの名詞や動詞満載の訳になってしまいます。「このファンクション（関数）はユニフォームに連続（一様連続）です」という感じです。さらに多くの上級者は逐次通訳（consecutive translation）よりも同時通訳（simultaneous translation）の方が得意です。理解した意味を近似的に自分の言葉で表現するのが同時通訳で，対訳本ではありませんし，少しくらい言葉がぶれて意味がずれても許されるからです。

> **こんな話**
>
> **聴解ほど難しいものはない**
>
> 多くの学習者が，話すことは聞くことより難しいと感じています。それは聞く力は練習を始めてすぐに目に見えて伸びることが多く，話す力は簡単には伸び始めないからです。しかし，リスニングは final frontier（最後の辺境，つまり最後まで開発されない場所）と言われ，最後まではっきりとネイティブとの差があるのもリスニングです。スピーキングは完全に自分の制御下にあり，ある程度の英語力があれば，自分の知っている範囲の英語でほぼ何でも表現できます。対してリスニングでは，ネイティブスピーカーが自分のネイティブとしての英語力をフルに使ったうえ，自国のカルチャーや歴史や皆が知っているテレビ番組や，その他ありとあらゆる非言語的知識を盛り込んで，無意識の内でしょうが，往々にして聞き手がそれらの知識を自分と共有していることを前提に話してくるので，ノンネイティブには到底手に負えないものが本当にたくさんあります。青谷もパーティーなどでネイティブスピーカー同士が早口で話し出すと，まったくついていけません。それどころか，テレビのアナウンサーのきれいな英語でも分からないことはしょっちゅうです。話すのに苦労することは，もはやそんなにはありませんので，この事実からも聞くことの難しさが分かるのではないでしょうか。ですので，聞くより話す方が難しい内はまだまだ英語学習の初心者だということになります。通訳でも上級通訳者は母語で聞いて外国語に訳します。日本人通訳者は日→英，アメリカ人通訳者は英→日をやるのですが，これもひとえにリスニングの方が難しいからです。

さて，このような大量リスニングの効果ですが，Extensive Listening の研究は現在に至るまで，ほとんど進んでいません。理由は分かりませんが，例外的なケース（Stephens, 2011）を除き，Extensive Listening は最近まであまり脚光を浴びなかったのです。さらに，目に見えるテキストを使うリーディングよりも教材が得にくく能力の測定もしにくいことと，ネイティブスピーカーでもリーディングに苦労する人はいるがネイティブの健常者はリスニングは自然にで

きるのが理由でしょうが，ネイティブ・ノンネイティブにかかわらず，そもそもリスニングの研究そのものが，リーディングほどには進んでいません。たとえば 20 から 35 歳の英語学習者に 100 語（10 から 15 分）のディクテーションを 11 回（計 2,3 時間）やるとやらないよりリスニングテストの成績が良かったとか (Kiany & Shiramiry, 2002)，中学生に先生がゆっくりとした読み聞かせを約 42 時間行うと，リスニング力が向上したとか (Zhang, 2005)，英語力の養成が 10 年の長きを要するということを考えるとき，このレベルでは到底「太く・長く」という条件を満たしているとは言えませんし，その意味でこれらの研究の意義も限定的です。これに対して，簡単なテキストを大量に読む Extensive Reading の研究はかなりよく進んでいます。リスニングとリーディングは receptive skills（受容型のスキル）としてテキストと音という媒体の違いをのぞけば，脳内での意味処理も似通っていると考えられます[9]。そこで，次節のリーディングに進む前に，Extensive Reading 関連の研究を参考として，Extensive Listening と Extensive Reading の大量処理練習からどのような効果がどれくらいの時間で期待できるのか見てみましょう。

　かなり前から都市伝説（urban legend）的に研究者・教育者の間で語られていたのは 100 万語です（酒井，2002）。多読で読書量が合計 100 万語に到達するころには，すらすらと読めるようになっているというのです。人文社会系の学問では物理のような "nine nines"（99.9999999%）は夢のまた夢ですから，常用対数（common logarithms）的に考えて，10 万では足りないし，1000 万でもない程度に理解すべきですが，日本人を対象としたもので，もう少し定量性の高い研究もあります。たとえば西澤らの研究 (Nishizawa, Yoshioka, & Fukada, 2010) では，高専の学生たちに 4 年間にわたって多読をさせています。その結果，10 万語を読んだ時点で訳さずに読むことに慣れ，30 万語から 100 万語を読んだ時点で自身の読解力に手ごたえを感じ TOEIC のスコアがはっきりと伸び，300 万

---

[9] これに関しては，意味処理が同一であるとする Unitary Process View（一経路説）(Danks, 1980; Perfetti, 1985; Royer, 1985; Sanders, 1977; Sinatra, 1990; Sticht, Beck, Hank, Kleiman, & James, 1974) と似ているが同一ではないとする Dual Process View（二経路説）(H. D. Brown, 1994; Lund, 1991; Maeng, 2006; Mecartty, 2000; Murphy, 1996; Park, 2004; Thompson, 1995) があり，後者が優勢ですが，リスニングとリーディングの共通性もまた明らかです。簡単な説明が青谷の博士論文にあります (Aotani, 2011a, p. 27)。

語を読むと海外に1年間留学した人と同じ程度の効果が出たそうです。定性的な読解力向上の定量化には限界もありますが，これらのデータに基づき，西澤らは多読が成功するためには，少なくとも累計で100万語を読む必要があるのではないかと述べています (Nishizawa, et al., 2010, p. 638)。さらに，桜井は10万語以下しか読んでいない日本人大学生のTOEICスコアを検証し，1万語ごとに有意な点数の違いを観察しており (2011)，多読訓練の早期にもある程度の効果が見られる可能性を示唆しています。ただし，対象学生のTOEICの平均点は400点以下と極端に低く，追跡期間も6か月であったので，これを安易に一般化することはできないと青谷は感じますし，桜井もその点を自ら指摘しています (2011, p. 120)。ちなみに，この初期的な伸びに関しては，読む力の向上が主因であって，語彙・スペルを含む言語的知識の増加は要因ではないとの研究もあるようです (Yamashita, 2008)。いずれにせよ，言語学的・心理学的・生物学的な詳細はともかく，Extensive Reading（多読）の効用そのものに関しては十分過ぎるほどの証拠が揃っており，「ネガティブな結果がまったく見当たらない数少ない勉強・教育法の一つ」として人気を博しています。Extensive Readingの効用のリストには，単語認知力の向上，語彙の強化，もちろん「読む」という処理能力の向上，英語使用の流暢さの向上，英語の熟達度の向上があり，とりわけ最後の流暢さと熟達度の向上は訓練がリーディングであるにもかかわらず，英語力全般に言及したものです。おまけとして，読むという活動を含めた英語学習全般についての学習者の意欲を高めるとも言われています。

このようにExtensive Readingは疑いなく効果を生むわけですが，

- 人間の言語活動は脳科学的・進化論的・発達心理学的に聞く・話すが中心であり，それが理由で赤ちゃんは聞くだけで言語の本質的な部分を学び，子どもが読むことを学ぶには，発音をスペリングに結びつける力が不可欠 (Moats & Tolman, n.d.)。
- 既述のごとく，読解と聴解には意味の処理の段階での共通点が多いと思われる。
- 子どもは静読しなさいと言われても，ぶつぶつ口に出してしまうことがよくある。
- リーディングは文内を行ったり来たりしながらできるが，リスニングは語順

通りの処理を強制しがちであり[10]，単語を母語に近い順に並べ替える時間が無く，日本語モードからの脱却を促す。
- 英語では意味を伝えるためのイントネーションの使用が他に類を見ないとも言えるほど多いが (Wells, 2006, p. 11)，書かれたテキストはイントネーションをまったく反映しない。
- 文法や構文や文脈だけではなく，アクセントの位置なども単語の意味を区別する（動詞の increase と名詞の increase は簡単な例）。
- 日本人がその良い例だが，ノンネイティブには読み書きの方が聞いたり話したりするより楽・得意な人が数多くいる。

等々の事実を考えると，Extensive Listening が Extensive Reading と同様またはそれ以上の効果をもたらさないと考える方が不自然です。Extensive Listening/Reading を同時進行させることによって，流暢さ養成の4要素の一つである大量学習が確保され，さらに同じ教材でリーディングとリスニングを行うことによって，4要素のもう一つである反復学習にもなりますので，青谷自身も Extensive Listening の普及に鋭意努めているところです。Stephens も日本の訳読授業の問題点を例に挙げて (加藤, 2006)，英語の語順に慣れる上での Extensive Listening の効用を強調しています (2011, p. 312)。

さらに，青谷の個人的経験および感触を述べます。Extensive Reading にせよ，Extensive Listening にせよ，累計が100万語に到達するだけでは絶対に不十分です。そうではなくて，毎年100万語が僕がお勧めする学習量です。たとえば，A4サイズの紙に12ポイントのフォントで書かれた英語は，大体1ページに370語から460語くらい，つまり概数で1ページに400語くらい，入ります。1日に7ページ読むと，1年では102万2千語です。典型的な京大生がそうですが，それなりに英文の読める日本の大学生は，1分に100語くらいは読めると考えられる[11]ので，毎日28分読めば2800語（7ページ）です。同様に毎分100語のスピードの Voice of America の Special English を毎日28分間聞くと，やはり1年で102万2千語。リーディングとリスニングは同じ教材（音源

---

10) 養老孟司さんは，聴覚はリニアー (linear) で視覚はノンリニアー (nonlinear) とおっしゃっていましたが，リスニングとリーディングの違いもこれだったのですね。
11) これは西澤らが，テストの際に高専の学生に要求した読解スピードでもあります (2010, p. 635)。

とスクリプト）でも違う教材でも構いませんが，この計算だと，毎日 56 分（1時間）のリーディングとリスニングで毎年 100 万語ずつが達成できます。さて，ここで expertise の話を思い出していただきましょう。Expertise の達成には 10年かつ 1 万時間かかるのでしたね。つまり，1 日 3 時間の勉強を 10 年続けるということです。上の計算のように receptive skills（受容スキル）であるリスニングとリーディングに要する時間は 1 時間ですから，productive skills（発信型スキル）であるスピーキングとライティングを含む他の学習にまだ 2 時間残っています。電車の中，ご飯の前後，昼休み，授業の入っていない空き時間等々に 15 分，30 分と継ぎはぎ細切れ勉強でも良いので，1 日 1 時間のリスニングとリーディングはちょっとした努力で簡単にできます[12]。なお，特にリスニングに関しては，ただ単に漫然と聞いているだけでは駄目で，ステップ 1 からステップ 5 を基本とした緻密な多聴が必要です。

　Adams は，

> [R]eading is best learned through reading.（読解力養成の最善の方法は，実際に読解をすることだ。〔読みもしないで誰が読めるようなるのか！〕）

と言いました（1998; BalancedReading.com, n.d.）。事実をシンプルに言い放っていて，変に凝った表現よりかえってパンチがありますが，これに Renandya と Farrell は

> [L]istening is best learned through listening.（聴解力養成の最善の方法は，実際に聴解をすることだ。〔聞きもしないで誰が聞けるようなるのか！〕）

と応じています（2011）。当たり前のことを当たり前にやらなければいけないのです。

　リスニングのセクションの最後に，Voice of America 以外の教材も紹介して

---

[12] アメリカの大学生は日本の受験生並みの勉強をします（金子，2011; 渡辺，2012; 東京大学大学院教育学研究科 大学経営・政策研究センター，2008, pp. 18-21）。大学学部時代の成績が就職にも入試の無い大学院進学にも影響するので（青谷，2008），渾身の努力で頑張るのが普通です。当然 1 日の合計勉強時間は授業をのぞいても 8 時間くらいは平気であります。夜中過ぎまで勉強するうえ，平均成績を高く保つために週 16 時間（コマではありません。60 分×16 です）くらいしか講義をとらないので，昼間も空き時間がたくさんあるからです。日本の大学生もこういう風に本気で勉強すれば，毎日英語 3 時間と専門 4 時間くらいは余裕でできるはずなのですが。

おきます。Diversity（多様性）です。以下は Renandya と Farrell の論文 (2011, p. 58) からの引用です。

- ELLLO（English Listening Lesson Library Online, http://www.elllo.org）： 何百というリスニング用のファイルがあります。スピードは遅くしてありませんが，スクリプトはあります。
- Spotlight Radio（http://www.spotlightradio.net/listen/）： 単語を1500語に限り，スピードは毎分90語です。15分しかありません。
- BBC World Service, Learning English（http://www.bbc.co.uk/worldservice/learningenglish/）： Renandya と Farrell によると，中級者以上向きだそうです（2011）。
- ESL Podcasts（http://a4esl.org/podcasts/）： 簡単な英語でスピードも遅い教材へのリンクがあります。一部は Voice of America の Special English と重なっています。
- YouTube のビデオ群（http://www.manythings.org/b/e/）： 何百もの英語学習者用のビデオがあります。
- Storyline Online（http://www.storylineonline.net/）： 子ども用の絵本をプロの役者が読むのですが，ストーリーのビデオが有り，スクリプトを見ながら聞いたり，それを消したりできます。字幕形式ですが，字幕は英語では caption とか subtitle とか呼び，ビデオの横に Captions On/Off というボタンがあります。

> **まとめ 3**
>
> ### 聞　く
>
> 1. リスニングの目的は処理能力（fluency）の養成と新しい語彙・表現・構文の獲得。
>
> 2. スクリプト付きが基本であり，単語の 95 から 98％ が分かり，聞いたときに内容が 7，8 割分かるものを処理練習につかう。
>
> 3. 全体を通しての聴解と部分ごとの聴解を行い，分からない部分をスクリプトで確認する。
>
> 4. 能力によって英語学習者用の教材と，ネイティブ用の材料を使い分け，毎年 100 万語を目指す。

2.4　読　む

　リスニングの目的は圧倒的に処理力養成，つまり fluency を向上させることですが，これは多くの学習者がせっかく身に付いている宣言的知識を音処理能力の低さのためにまったく活用できていないからです。リーディングではその音処理の困難さが有りませんので，処理能力としての読解力養成とともに，単語・表現・構文などを含む宣言的知識の獲得も大きな課題となります。現有戦力の拡大がないと，fluency から更なる高みである FLUENCY に進めませんが，その最善策が多読に精読を織り込んでいくことです。英語の視覚情報は，少なくとも日本人にとっては処理がしやすいですね。聴覚情報のように単語レベル

でのインプットの取り込みに苦戦することはありません。たとえば，リスニングにおける大きな障害であった word recognition（単語認知：連続して流れる音を単語単位に正しく分割すること）の問題も，単語間のスペースの存在で自動的に解消します。よって明確な形式とその理解を要求する宣言的知識の蓄積には，リーディングが特に向いています。

● 多読

まず多読（Extensive Reading）です。われわれのトレーニングの訓練方式では，リスニングとスピーキングがメインですが，リスニングの後でスクリプトを読むことが，まずリーディングの大切な部分になります（1）。流暢さ養成の4要素のその3「反復学習」の確保でもあります。リスニングを1年に100万語やりますので，ある意味これだけでリーディングも何十万語ですが，聞いてから読むのはただ読むのとは練習の方向性も違います。より純粋なリーディングも入れましょう。Voice of America の Special English のスクリプトに加えて，graded readers（段階的読本）という語彙を限り，構文も単純化した学習者用のシリーズが複数の出版社から出ており，これらが二つ目の教材です（2）。代表的なものは，

Oxford Bookworms シリーズ (http://www.oupjapan.co.jp/gradedreaders/)
Penguin Readers (http://www.longmanjapan.com/penguin_j.html)
Macmillan New Wave Readers (http://www.macmillanenglish.com/Course.aspx?id=28528)

などですが，詳細については，たとえば英語多読研究会のサイト

http://www.seg.co.jp/sss/review/osusume.html

などを見てください。語彙的には単語の95から98％が分かるべきだというのは変わりませんが，実際に測定する必要は特になく，どの語彙レベルがスラスラ読めるレベルなのか本屋で実物を手に取ってみてください。なお，教員から借りられるような制度があれば良いのですが，そうでない場合には，書籍代節約のためにグループで購入して皆でシェアするしかありません。目安として，

Oxford Bookworms は税込みで一冊 800 円くらいします。より実力の高い人はリスニングの際と同じく，(3) TOEFL の問題など，ノンネイティブ用の英語が多読に使えます。さらに進めば (4) ネイティブ用のありとあらゆる英語，に到達するのですが，たとえば青谷はいまだにネイティブスピーカーの多分半分くらいのスピードでしか英語が読めませんので，ネイティブと内容的に同レベルのものが問題なく読めることと，それをネイティブと同じスピードで読めることとは別です。FLUENCY の条件の一つである本物のスピードへの研鑽は永遠に続きます。

　なお，一つ一つの文の意味を取る local/microscopic（局所的・微視的）な力は英語力ですが，その文意をつなぎ合わせて，全体（＝文意群）の意味を理解する holistic/macroscopic（全体的・巨視的）な力は言語の壁を越えます。Local で microscopic な力には正書法（orthography），音韻（phonology），語彙（lexicon），構文（syntax），言説の知識（discoursal knowledge）が必要ですから，これは言語に大きく依存します。しかし，holistic/macroscopic な力は，予測（prediction），解析（analysis），統合（synthesis），推測（inference），必要な背景知識の呼び出し（retrieval of relevant background knowledge）など，より高次な脳の機能を要求し，これらの一般スキルは必ずしも使用言語に影響されるわけではありません。そのため，母語で読解力のある人はその力が英語での読解力にある程度までは自動的に移行するという結果が多く出ています。もちろんこれは，英語の基礎力があっての話ですが。たとえば，Bernhardt (2005) および Bernhardt と Kamil (1995) は，母語での読解力が英語の読解力の 14〜21%，全般的英語力が英語の読解力の 30% を説明するという結果を出しています。このようなデータに基づいて，「**英語力が一定のレベルに到達すれば，母語での読解力が英語の読解力に移行可能になる**」とする Linguistic Threshold Hypothesis（閾値仮説）が提唱されており，程度の差はありますが，この仮説をサポートするデータが出ています (Jiang, 2011; Yamashita, 2001)。これは，受験勉強などで国語の読解をしっかりやった人は，英語の基礎力が付けば，その日本語での読解力を自動的に英語でも発揮できるということを意味しますから，大きな朗報ですね。

● 精　　読

　次に精読（Intensive Reading）。明確な形式とその理解を要求する宣言的知識の蓄積には，リスニングより目の前にテキストのあるリーディングが特に向いていると書きました。宣言的知識の獲得，すなわち現有戦力の拡大が精読の主目的です。大量に読むわけではないので，多読に使用したものの一部分だけを精読することもできます。徒然草のように一話完結的で短い物はとりわけ精読に向いています。精読とは詳細に注意を払うことですが，より正確には全体を意識しながら詳細に注意をはらうべきですので，全容が見えやすい短いものが望ましいのです。またじっくり考えながら読んでも構いませんので，リスニングよりは難度の高い内容の教材も使えます。実際の使用法を見て英和・和英辞典的に丸覚えした単語や表現の意味の微調整（fine tuning）をしたり，既知の単語を組み合わせた新しい表現を学んだり，既習の文法事項に様々な状況で出会う中でその理解を深めたり，そのような活動を意識的に行うのが主目的ですので，大まかな意味すら分からない単語が多過ぎる教材はふさわしくありません。定量的な線引きは大変難しいですが，定性的な描写としては，辞書を引かなくても各単語の意味が大体分かる文や，各単語の辞書的な意味はほぼすべて分かるが，意味は取りにくい文のどちらか一方または両方からなるものが最適の教材です。青谷が授業で使っているものや自習用に薦めているものをいくつかご紹介してリーディングのセクションを終えましょう。リスニングのスクリプト，またはその一部，を精読に使うことはもちろん可能ですし，リスニングの際のスクリプトを使った確認作業の中に自動的に精読的要素が入っているのですが，聴解内容が会話ではなくても，どうしても「話された英語」（を書き出したもの）やニュースの英語になります。よって，話された英語を書き出したスクリプトでも，話すことを前提にした原稿でもない，より純粋な書かれた英語（authentic written English）およびより論理的な英語の例を出しましょう。これらはあくまでも例であって，教材選択の参考にしていただくためのものです。なお，割いているスペースの関係で，精読の方に重点を置いているように勘違いされるかも知れませんが，重点はあくまでも多読（Extensive Reading）です。fluency こそが典型的な学習者にもっとも欠けているスキルであるうえ，意味をとることを主眼とした多読練習の中にはかなりの精読的内容

が自動的に入るが，精読には多読的要素はほとんど入らないというのが多読重視の理由です。

- **TOEFL iBT Reading Section**
  それぞれの問題が約700語の文（passage）に基づいており，単語も表現もノンネイティブレベルですから，分からない部分が出て来る頻度も限られてきます。これが全体の理解（holistic understanding）や前後の文も含んだ近傍の脈絡（local context）の理解につながり，上記の「全体を意識しながら詳細に注意を払う」に貢献します。リスニングのところでも述べましたが，TOEFLの問題集は，ETSの直接編集以外にも，多くの日本の出版社，また海外ではPrinceton Review, Kaplan, Heinle, Longman, Barron'sなどから多数出ています。毎年新しいバージョンが出ますし，10年間やり続けても教材が無くなることは絶対にありません。もっともリーディングに関しては，大学受験を経験した典型的な日本人なら，5年間このTOEFLレベルを超えられないことすらあり得ないと思います。

- **TOEFL Essays**
  TOEFLの母体であるETS（Educational Testing Service）は，作文のトピックの例として185題をウェブサイト（http://www.ets.org/Media/Tests/TOEFL/pdf/989563wt.pdf）で公開しています。たとえばBarron's Educational Seriesの中にこれらのトピックについての模範作文が出ています（Lougheed, 2004, p. 158）。300から400語レベルの一話完結徒然草スタイルの精読教材です。読解のみならず，作文のヒントを得たり，TOEFLの受験準備をしたりと，一石三鳥の訓練です。トピックが多岐にわたるので，多様性が確保されます。

- **GRE Analytical Writing Issue Topics**[13]

---

13) GRE（Graduate Record Examinations）と言うのは，アメリカの大学院に行きたい人が受ける標準テストで，国語（＝英語）と基礎的数学は多くの大学が要求しています。その中にAnalytical Writingと呼ばれる作文のセクションが有り，30分の課題作文（Issue Task）と30分の他者の意見に関する論評作文（Argument Task）があります。Issue Topicsは課題作文のお題，Argument Topicsは論評のために提示される他者の意見表明文です。ちなみに，アメリカの大学院への留学を希望する外国人もGREを受けねばならず，国語（＝英語）はかなり手ごわいです。青谷もこればっかりは89％しか取れませんでした。ノンネイティブには難し過ぎるということで，昔はTOEFLスコアは見られてもGREのスコアは英語力の尺度としては見られませんでした。しかし，最近は理系でもMITの化学のように，「英語力はGREでも判断します」と明言するところもあり，ますますハードルが高くなっています。これは留学希望者の英語力向上の証で，日本がボヤボヤしている内に，世界のノンネイティブたちの英語力は限りなくネイティブに近づいているのです。

(http://www.ets.org/gre/revised_general/prepare/analytical_writing/issue/pool)

Issue Topics はネイティブスピーカー用の作文トピックで，大卒のネイティブなどが 30 分間書き続けるだけの内容のあるお題が出て来ますが，多分トピックそのものの明確さを保つためでしょうか，ほとんどシンプルな単語のみで書かれています。これを読みます。一つ一つが短いので，電車に乗っている間とか，細切れにしか時間が取れない場合にも使えます。たとえば，こんなトピックがあります。

As people rely more and more on technology to solve problems, the ability of humans to think for themselves will surely deteriorate.（問題解決にあたって科学技術をたよりにするようになればなるほど，人間の自力で考える力は確実に衰える。）

- **GRE Analytical Writing Argument Topics**
(http://www.ets.org/gre/revised_general/prepare/analytical_writing/argument/pool)

100 語程度の長さの意見表明です。ネイティブ用なのに，こちらも単語はシンプルです。たとえば，こんな感じです。

Woven baskets characterized by a particular distinctive pattern have previously been found only in the immediate vicinity of the prehistoric village of Palea and therefore were believed to have been made only by the Palean people. Recently, however, archaeologists discovered such a "Palean" basket in Lithos, an ancient village across the Brim River from Palea. The Brim River is very deep and broad, and so the ancient Paleans could have crossed it only by boat, and no Palean boats have been found. Thus it follows that the so-called Palean baskets were not uniquely Palean.

　まあ，日本にいても英語の教科書，論文，ウェブサイト，email と勉強でもビジネスでもリーディングの機会は多いので，これ以上の詳述は止めましょう。大事なのは漫然と必要情報収集のみのために読むのではなく，自分の読解力・インプット処理力の範疇を超えるものを察知し，意識的な勉強によってその解決を図り，新たな知識を自分のものにすることです。

まとめ 4

読　　む

1. リーディングはリスニングより，新しい語彙・表現・構文の獲得に適する。
2. 多読と精読を併用するが，重点は多読に置き，年100万語をめざす。
3. 能力により，英語学習者用に書かれた教材とネイティブ用の読み物を使い分ける。

2.5　話　　す

　アウトプットは圧倒的にライティングよりスピーキングを優先すべきです。その最大の理由は第III部「言語の進化と脳科学から見た『話す・聞く』の優位性」で詳述されている生物進化的にも発達心理学的にも明らかな話す・聞くの優位性ですが，これ以外にも練習上の理由があります。

① 筆記用具もコンピューターも必要がなく，原則いつどこででもできる。
② 同じ語数であれば，スピーキングの方がライティングよりはるかに速いので量が稼ぎやすく大量学習に向いている。
③ ライティングにはリーディングのように行ったり来たりしながら推敲を重ねながら自分のペースでできてしまう側面があり，これはfluencyの養成上問題がある。

④ スピーキングは発音の宣言的知識・手続き的知識の欠如に気づかせてくれる。

などがその主要なものです。いずれにせよ，**流暢さの養成にはスピーキングを訓練の中心に置くことをお勧めします**，というよりこれを業務命令にしたいくらい強くそう感じています。

● 「話す」の4側面

拙著『英語勉強力』では，話すという言語活動を以下の4段階・側面に分類しています（青谷，2005, p. 186）。

発音・発声＝英語の音を出す＝脳と筋肉の共同作業
発話＝話す＝頭で作文をしながらそれを声に出す
会話＝やりとりの同時進行＝双方向的言語使用（Interactive Language Use）
コミュニケーション＝話術・対話力・説得力：日本語から移行可能

青谷また英語教育界の基本的な考えはこの本の原稿を書いている7年後の今（2012年）でも変わりませんが，英語学習・英語教育という意味では，最初の2段階，特に第2段階の発話，の重要性をますます強く感じるようになってきましたので，そこに重点を置きたいと思います。第3段階の会話は聴解力と発話力の手続き的知識化（自動性の獲得）による並列処理力の実現によって可能になり[14]，第4段階の総合的コミュニケーション力は，日本語からの移行が可能であると書いたように supra-linguistic ability（言語を超えた能力）であって，狭義の英語学習・英語教育の範疇には入らないというのが，最近の筆者の周囲の英語教育者・英語教育研究者・応用言語学者の一般的な見解のように思います。実際，青谷は発音・発声，発話，会話まではかなりのレベルでできますが，第4段階のコミュニケーション力は惨めな状態です[15]。いずれにせよ，本節では発音・発声と発話に焦点を当てましょう。

---

[14] 会話の場合には，reciprocity と言って，相手の理解をモニターしながら，話の内容をそのレベルに合わせたり（Bygate, 2009），互いに話し手・聞き手の役目をタイミングよく交替したり（turn-taking）するなどさらなる能力が要求されますが，本書ではそういった能力は「コミュニケーション」に含めています。

[15] ジョークですが，これを「研究も研究発表も質疑応答も全部英語でできるが，友達はできない」と表現した学生さんもいます。ちなみに友人はいますよ。互いに厳選するのでごく少数ですが。

こんな話

たかみなとカツ丼を食べた

コミュニケーションには文化の理解や背景知識といった，言語能力以外の要因 (extralinguistic factors) も深く関わってきます。たとえば「たかみなとカツ丼を食べた」ですが，若者であれば AKB48 の高橋みなみさんと一緒にカツ丼を食べたのだと理解するでしょう。しかし，そういう日本事情を知らない留学生の理解は違います。「たかみな」という食べ物とカツ丼（これすら何か知らない人もいます）という食べ物を食べたのだと思う人が続出。「高菜」のようなものだろうと思った人もいます。実は青谷の周りの年寄りの多くも AKB は存在するということくらいしか知らないので，同じ誤解をする恐れがあります。このように，言語能力だけでは解決できない文化的問題も多々あるのです。これを，たかみなの好物がカツカレーやカツ丼で，勝つという意味での縁起をかついでコンサート前に食べることもあり，所属事務所のプロダクション尾木がそんなことを許した理由はともかく，某番組では，ほとんどの住人がたかみなを知らない村に連れて行かれて，村人にカツ丼を作って食べさせてくれるように懇願するという芸人並みの企画をこなしたこともあり，同じ事務所の峯岸みなみもたかみなのカツ丼好きに言及しており，誕生日が 4 月 8 日という理由だけで AKB48 の総監督を務めているとのうわさが絶えない等々，情報の洪水と言っていいくらい背景知識の豊富な青谷のこの文の理解と比較すると，その違いは歴然ですね。ところで，これでも青谷正妥は AKB ファンでもたかみな推しでもありません。毎日そういう若者に囲まれているだけで，これだけの情報収集が，いともたやすくできるのです。本当です！

● Levelt の発話モデル

全体像を理解するためには，脳内でのスピーチの構築を四つの機能・段階に分けて考える Levelt のモデル（1989）が分かりやすいので，最初にこの四機能の説明をごく簡単にします（Figure 5）。その四つは Conceptualization/Conceptualizer（概念化〔装置〕），Formulation/Formulator（言語化〔装置〕），

2.5 話す

Articulation/Articulator（調音〔装置〕），Monitoring/Monitor（監視〔装置〕）です。

- **Conceptualization**： 話者の概念・アイデア・意図を構築する「言語以前」の段階。
- **Formulation**： その意図を言語で表せる形にするため，単語を選択して発音を含む諸情報を取得し，活用形を検討し，語順・文法・構文の処理を行い，脳内にcovert speech（内的発話）を形成すること[16]。
- **Articulation**： 神経系統を正しく使って筋肉に指令を出し，overt speech（外的発話＝普通の発話）を達成する最終過程。
- **Monitoring**： 上記三過程の産物が正確で適切かどうか監視する機能で，問題が有れば，発話前なら再処理，発話後なら話者の判断で言い直し。なお，overt speech（外的発話）のMonitoringには聴解回路がそのまま使われるというのがLeveltの考え。

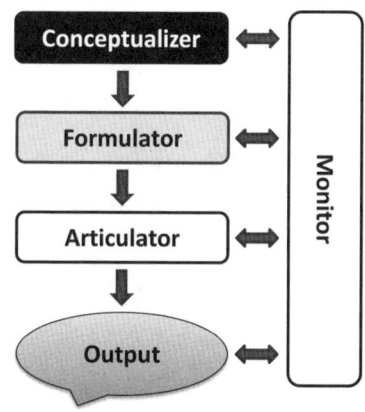

Figure 5 Leveltのモデル

Leveltのモデルはもともとは母語話者のスピーチに関するもので，外国語のスピーチに関してはDe Bot（1992）のモデルやKormos（2006, p. 168）のモデルがあります。話者がバイリンガルに近い場合には，Conceptualizerがどちらの言語でスピーチを構成するかを第1段階で決定して概念に当該言語のラベルを貼る過程があり，話者の第二言語運用力が未完成である場合には第二言語の宣言的知識の関与を追加機能としてモデルの中に組み込むなど，Leveltのモデルが多少は修飾されていますが，原則はまったく変わりません。本書は脳内におけるスピーチ産出の研究書ではなく，英語運用力養成のための本ですので，単純明快なLeveltのオリジナルモデルを使います。つまり，英語学習者が究極的

---

[16] 英語学校も英語学習書の著者たちも教材作成者も大好きな「英語で考える」とは，実はこのFormulationのステップを英語で行うことだったのですね。これは発話の第2段階ですから，屁理屈を言いたければ「最初から英語で考える」という宣伝文句は大きな間違いだとも言えます。

に目指すのはネイティブの英語であり，それを図式化かつ単純化したものがLeveltのモデルというわけです。統計学者George E. P. Boxの有名な言葉に

> Essentially, all models are wrong, but some are useful.（基本的にはモデルは全部偽りだが，それでも役に立つものもある。）

というのがありますが，まあそういうことです[17]。

Monitoringだけは少し毛色も経路も違いますが。この類の脳機能は発話に限らず，言語活動を含む人間の行動全般に関してあまねく働くものです。英語学習においては，この機能のお陰で，語の選択・文法・発音をはじめ，全般的で多岐にわたる自分の英語の間違いに気づき，それを現有戦力の向上に役立てることができます。学習理論にはCorrective Feedback（修正フィードバック：1.8節参照）という用語・概念があり，これは教員や周囲の人間の指摘や自分の行為の周囲への影響から自分のミスに気づいてそれを正すことです。われわれは一歩進んで，自分で自分の間違いに気づいて修正することも，習性とします。宣言的知識に関しては，外部からの指摘がないと厳しいですが，自分のアウトプットを宣言的知識に照らし合わせれば，手続き的知識・技能の弱点に気づくことは簡単にできます。これがDEAR（Database of Errors and Ambiguous Representations）の縮小（＝現有戦力の拡大と戦力の最大活用）に貢献するのです。

● 発話のための内容の仕分け：Thinking for Speaking Filter（ThiS）

ところで，これにもう一段階加えたのが青谷のモデル（Figure 6）でして，その段階とは，ConceptualizerとFormulatorの間に入るThinking for Speaking Filter（ThiS）で，これは言語よりもはるかに広範で多元的な思考から，「これ（ThiS）は言語化OK」「この範囲まで（to ThiS extent）は言語の表現能力内」とFormulatorで言語化可能なものを取捨選択するためのフィルター

---

17) たとえばLeveltのモデルは，丸覚えした文を反復するような機械的な練習がまったくConceptualizerを要求せず，よってこれだけでは不十分であることを明確に説明します。つまりこのモデルは，Transfer Appropriate Processing，SwainのOutput Hypothesis（1995, 2005），学習の四重螺旋の中の「意味重視のアウトプット」などの考えに裏付けを与えるのです。

機能です。ただし，Thinking for Speaking のアイデアと命名は，Slobin であって，青谷はそれを少し修飾して使っているだけです（1996）。Slobin の言葉を引用すると，

"a special form of thought that is mobilized for communication"（コミュニケーションのための思考の特殊形）であり，
"the activity of thinking takes on a particular quality when it is employed in the activity of speaking"（話すための思考は特別な性格を持つ）であって，まとめると
""Thinking for speaking" involves picking those characteristics of objects and events that (a) fit some conceptualization of the event, and (b) are readily encodable in the language."（「話すための思考」は (a) 事物のある種の概念化に適し，(b) 当該言語で簡単に表現できるような，事物や出来事の特徴の選択をふくむ。）

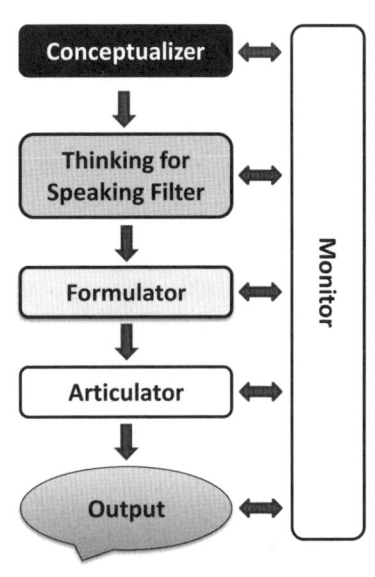

Figure 6 Levelt のモデル修飾版

となります（1996）。Slobin は話すときの思考は思考一般とは違いこのモードにあると主張しているようですが，青谷はただ単に思考一般が ballistic（やめられない止められない）であることから，発話・会話中もすべての思考が機能し，話すためには上記のフィルターが必要だと「感じて」います。おそらく Levelt 本人はこれも Formulator（Conceptualizer も不可能ではありません）の機能に含めているのだと思いますが，Conceptualization に言語以前のあらゆる思考・概念を含め，Formulation は言語化のみに特化した機能と考えた方が，モデルの明確化と汎用性の向上に繋がると感じるのです。ところで，Slobin はまた，

"I propose that, in acquiring a native language, the child learns particular ways of thinking for speaking."（母語能力の獲得に際して，子どもは話すための特別な思考法を身に付けるとここに提案する。）

とも述べています (1996, p. 76)。発話装置の構成ユニットをどう解釈するにせよ，Thinking for Speaking で言語化できる内容を仕分けする力は Formulation と並んで英語を使う上での必須能力と言って良いでしょう。Formulation, Articulation, Monitoring と並んで Thinking for Speaking は language-specific（言語依存的）なプロセスです。

◉ スピード・正確さ・構文の高度さ：
Fluency, Accuracy, Complexity

以上は意図から始まって発話に至るまでの脳内プロセスですが，その脳内プロセスの産物であるスピーチの質を測る基準も必要です。上述の Monitoring の主要機能は，間違い探しと，意図の正確なスピーチへの反映ですが，この脳内機能とは別に，たとえば研究者たちが被験者たちのアウトプットのクオリティを測る際の基準となる3点セットがあります。Fluency[18] と Accuracy と Complexity です (Ahmadian, 2012; Biber, Gray, & Poonpon, 2011; Housen & Kuiken, 2009; Yuan & Ellis, 2003)。Fluency は基本的にスピード，Accuracy は英語の正しさ，そして Complexity[19] は文構造の複雑さや文法的高度さです。これらはノンネイティブに使うことを念頭に設けられた基準であるため，表現の巧みさとか独創性とか，そういう高度な技能は明示的には入っていません。簡単に想像がつくことですが，ゆっくりしゃべれば Fluency のレベルが下がりますが，Accuracy は向上しますし，英語力が高い学習者がより良い表現やより巧みな表現を追求すれば Complexity は向上しますが，Accuracy や Fluency が降下する可能性があります。よって，これらは常に相互関係の中で理解し評価しなければなりません。実はこのような理由で，Complexity の評価に "willingness to use complex grammatical structures"（文法的に高度な構造を進んで使う姿勢）を含め，Accuracy を犠牲にしても Complexity の向上を企てる態度を重ん

---

18) この Fluency を青谷の定義による fluency や FLUENCY と混同しないでください。青谷の fluency も FLUENCY も定義により Accuracy や Complexity をすでに包含しています。

19) Within applied linguistics, there is a long and extensive history of using the term complexity to refer to the more advanced grammatical structures that students exhibit as they progress in their language proficiencies.（応用言語学においては complexity という言葉が，学習者の習熟度の向上によるより高度な文法構造の使用という意味で，長きにわたって広く用いられてきた。）(Biber, et al., 2011, p. 6)

じようとする学者や教育者もいます。自分のアウトプットの評価（self-assessment）にも，このフレームワークは大いに役立つと思いますよ。最後に青谷は巧みさなども Complexity のカテゴリーに入れていますので，日本語では「英語の豊かさ」と呼ぶことがあります。

さて，Levelt にもどって，このモデルでは Articulation, Formulation, Conceptualization の順に自動性が減少し，意識的・制御的処理の必要性が高まります（Bygate, 2005, p. 110）。よって，少なくとも単語レベルでは Articulation は完全に自動化されているべきなのですが，そのレベルに達していない日本人もいます。高校の科目としてオーラル・コミュニケーション（2013 年からはコミュニケーション英語が科目名になるようです）があっても，スペルと発音が結びつかない人や，英語の音を作ること自体ができない人がいます。まずその手当てをしましょう。

◉ 発声法：Articulation

最初にやるべきことは辞書的発音ができるようになることです。辞書的発音とは前後の音に影響された文内の発音ではなく単体での発音という意味です。2.2 節「語彙の強化」で既出ですが，耳コピーは無理ですので，発音記号を覚えます。ここでの辞書的発音とは，辞書に載っている発音記号通りの発音という意味です。それが一通り終われば，神経系統に指令を出して単語を連続的に発音する練習ですが，中学・高校の教科書などの音読が良いでしょう。目の前のテキストを声に出して読むことすらできない人がしゃべれる訳もありませんが，その反面しゃべる練習の中で音出しに慣れるというのも事実ですので，あまりに長くここに停滞してやる気をなくすことのないようにお願いします。もっとも，そんな人が 10 年間頑張るとも思えませんし，このレベルから訓練が始まる人は，よほどやっていなかった人ですので，最初の口慣らし効果は短期でも非常に大きいはずです。Nation は 1000 単語知っているだけで，内容のある発話が十分に可能である（2009a, p. 112）としており，中学で 900 語（2013 年からはじまる新課程では 1200 語）習うことを考えると，中学の教科書レベルの英語の音読も捨てたものではありません。ただし，卓抜した単語や表現の知識を

持ち，英語が何であるかを熟知しているネイティブスピーカーが，その4, 5万語という膨大な語彙の中の1000から2000単語で日常会話をこなすのと，語彙ひとつをとっても最初から4000から5000語しかないノンネイティブが1000から2000語で用を足そうと試みるのとではまったく状況が異なるということは言うまでもありません。

　Articulation以外のプロセスについては，各プロセスごとの訓練はほぼ不可能ですので，ここからは実際に話すことによって四つの装置（Conceptualizer, Formulator, Articulator, Monitor）を同時に動かす訓練になります。大方は青谷の授業で使用している方法やかつて使用した方法です。そもそもこれらの多くは，青谷の学習経験に加え，様々な文献・事例・学会で学んだ方法・英語教育界に「出回っている」やり方などに基づいており，修飾・改良は青谷ですが，青谷の完全オリジナルレシピと呼べるものは少数です。それが理由で，教材のほとんどはウェブで無料公開しています。ごくごく一部（多分1%以下）は学生さんのプライバシーの影響で出せていませんが，今後名前を消して掲載する許可を随時取り，アップロードして行きます。Here we go, and here they come!

　訓練は大別して

　(1) 15/45 Exercise（時限訓練 15/45）
　(2) Free Translation（意訳・略訳・概訳・ズレ訳・自由訳）
　(3) Picture Task（絵の描写）
　(4) Oral Composition（口頭作文）
　(5) Summary Task（要約）
　(6) Pair Work（二人で練習）
　(7) Write and Speak/Write to Speak（作文をもとに話す）
　(8) Recording（録音）

に分けられます。これだけで十分なのかとよく尋ねられますが，もちろん十分ではありません。十二分だからです。間合いとか相手の理解に合わせるという意味での会話力やいわゆるコミュニケーション力は，supra-linguistic（言語を

超えた) な力であると言いましたが，これ以外に，いわゆる生活表現・日常表現の習得や異文化の理解は，個人で勉強するだけでは不十分で，当然英語圏の人と接したり英語圏の国に住んだりしなければできません。でもそれはこの本の埒外。単に英語を無機的に操るだけであれば，これで十二分ですし，また無機的英語力がしっかりとあれば，実際に英語圏の人間と付き合ったり英語圏で仕事をしたりする中で，簡単に無機的英語を有機的英語に進化（有機化）させられます。

(1) 15/45 Exercise（時限訓練 15/45（fiftíːn/fɔ́ːtifáiv））

お題（a topic）を与えられた後，15秒考えて45秒しゃべる訓練で，授業での練習のコアを形成する大切な練習です。15/45とか20/60とか30/60というと，TOEFL iBTのスピーキングセクションが有名ですが，このタイプの訓練法またテスト形式は古来より存在していましたので，まあ，業界の知恵的なものだと思います。TOEFLではリーディングやリスニングと組み合わせたIntegrative Taskと呼ばれるスピーキング課題で20秒から30秒の準備時間を与える形式の問題もあるのですが，やりやすさもあって，われわれはストレートなスピーキング，つまり15/45，だけをやります。人間の記憶を，簡単に忘れる short-term memory（短期記憶）と遥かに長い継続性を持つ long-term memory（長期記憶）に分けた場合，本当に諸説あるものの，短期記憶から情報が消えないのは十数秒と言われます (Cherry, n.d.-a, n.d.-b; Frommer, n.d.; MEMORY LOSS & the brain, n.d.; THE HUMAN MEMORY, n.d.)[20]。また，青谷の経験則として，ネイティブでもノンネイティブでも急にお題を与えられて45秒しゃべれと言われると，10秒以上は考える時間が必要です。前者の短期記憶保持の十数秒は rehearsal と呼ばれる脳内での復唱・復習で延長可能ですが，復唱は新しい情報を忘れないための意識的プロセスで自動性がありません。話す内容を考えながら復唱するという並列処理の芸当は難しく，やはり十数秒くらいがお題保持の上限です。後者の内容を考える10秒ですが，これは英作文の時間ではありませ

---

20) 実は short-term memory と long-term memory という分け方そのものや，さらに short-term memory との差別化に問題のある working memory（作業記憶）の存在など，記憶の分類についても未だに完全な決着はついていないようです (Anderson, 2000, p. 166; Cowan, 2008)。

ん。言語依存性のない Conceptualizer を働かせる概念構築の時間です。よって日本人が英語でしゃべる場合でも準備時間はネイティブとほぼ同じであり，お題保持の上限と内容構築に必要な時間を考えて10秒プラスαの15秒に設定しています。これによって45秒スピーチの際には Formulator に練習の焦点が置かれることになりますが，伝えたい意図がすでに決まっている場合に日本語での発話の際の努力がどこに集中するかというと，やはり言葉選びと文の組み立てである Formulator の部分ですので，大変理に適った訓練法だと言えます。僕の講義の受講者には，実際に TOEFL を受ける人も多いので，TOEFL 対策も兼ねて2種類のトピックを提供しています。Type I は自分に関係のある人・場所・出来事や自分の好みなどに関する問いに答えるもの，Type II は与えられた二つのオプションの一方を選んでその理由などを述べる課題です。さっそく例を見ようと思いますが，計時訓練のためにはコンピューターのスクリーンにデジタル時計・ストップウォッチを出せるソフトウェアが便利です。カウントダウンもカウントアップも可能で，カウントダウンが0になるとブザーなどを鳴らすことができます。画面上ではたとえばこんな風に見えます。

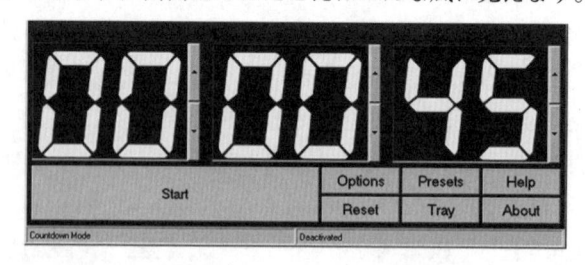

これは一例に過ぎませんが，何らかのタイマーを手に入れてください。移動しながらの練習が多い人はポケットサイズの携帯タイマーを購入して下さい。0秒から100時間弱まではかれる長時間タイマーが1000円前後で手に入り，1日・3時間，10年・1万時間の訓練のペースメーカーにもなります。

さて，自由に使えてダウンロードもできるトピック群はここにあります[21]。

　http://aoitani.net/TOEFL_Speech/TOEFL_Speaking.doc

---

[21] 個人やグループで勉強に使用するのは自由ですし，授業等での使用も自由ですが，版権を全面放棄しているわけではありませんし，商業目的の利用は禁止です。詳しくはファイルの最初の部分の説明を読んでください。

このファイルは発展途上にあり多分青谷が死ぬか少なくともアルツハイマーになるまでは恒常的に更新され続けます。2012年2月現在で計2000以上のトピックがあります。

例　Type I：Topic 1
Think of an invention that changed the way you live. Explain how and why it did so? Please include specific details in your explanation.（あなたの生活を変えた発明を一つ考え，どのようにまたなぜそれが生活を変えたのか具体的詳細を含めて説明してください。）

これを読んで15秒で全体の内容と出だしくらいは考え，45秒間しゃべります。45秒ちょうどで話が完結するわけもないですし，そういう能力は英語力とは別ですので，途中で話が切れるのは構いませんが，十分な内容と話の流れ，特に起承（転）結の結が十分にのべられるよう留意します。実際のTOEFLでも，結が十分に述べられたが完全ではなかったというレベルで満点を取るのに十分です。また45秒はあっという間ですので，普通は転を抜いて大丈夫です。もちろん，アメリカ人は起承転結なんてどうせ知りませんが，それはそれとして。

青谷の具体例　青谷がやったものはこれですが，これは例外的に間違いも少なくうまくいったケースで，普通はもっと低レベルです。それでも青谷は満点なのですから，TOEFLの採点の甘さが分かりますね。

I think I should pick ⟨a⟩ computer. Ah, computers were not available, like, you know, ⟨for the general public, to the general public⟩, when I was a kid.
And ah, the only option was, like, to write things by hand or, if it's a computation, to use a calculator.
But, ah, when I was a college student, ⟨computers ... that's when computers⟩ began to ⟨become available, widely available⟩.
And, that accelerated, ah, both computational work as well as, like, document processing of various kinds.
And ah, I benefited greatly from ⟨a computer programs⟩ called LaTeX when I wrote my dissertation.
And ah, right now ⟨I work through my keyboard. Most of my work is done

through my keyboard.

これも45秒では入り切らず，最後の最後が少しだけ切れたのですが，皆さんに読んでいただく便宜を考えて，センテンスの最後まで入れています。ボックス内は言い間違えて言い換えたり，次にうまく続かないので言い換えたりした部分ですし，a computer programs に至っては a なのに複数形の programs と中学生以下の間違いとなっています。「僕の英語力は典型的な京大教員の1億倍だが，典型的なネイティブスピーカーの1億分の1だ」と青谷が自分の英語力を評する理由です。ところで，このレベルのアウトプットでも10年くらいは英語の勉強を続けた人以外は普通は不可能で，たとえば京大生の平均レベルはこれより遥かに下です。日本人にはほんとうに手ごわい 15/45 Exercise ですので，この本の読者の皆さんも，最初はまるで話にならないレベルだったとしても強いハートで乗り切ってください。英語で，"Grin and bear it."（にやっと笑って耐え凌げ。または，にこっと笑って耐え凌げ。どちらなのかは場合によります）という表現があります。その感じです。なお，15秒の準備時間の内に箇条書きの走り書きノートを作れるのが理想です。上の場合ですと，やった時の記録はないのですが，さしずめ com(puter)，cal(culator)，coll(ege)，LaTeX くらい（カッコ内は書かない）だと思います。順序やキーワードの一部がせいぜいで，一里塚が四つ五つあれば十分です。もちろん英語が出ない非常事態には，ノートを日本語で書いても構いませんが，それだと発話に際して，間にメモの英語化という余計な翻訳ステップが入ります。内容をせっかく考えても，話し中の45秒間も短期記憶に保持できませんし，少なくとも Formulator の単語選択を視覚情報でサポートして並列処理の重荷を軽減できますので，このメモはかなり大切です。青谷のやった例をもっと見たい・聞きたい人はここを見てください。ただし，僕の例も上記のように間違いだらけですのでそのつもりで見てくださいね[22]。

http://aoitani.net/TOEFL_Speech/README.doc

Type I：できる学生の例　　ETSが出している Type I のトピックの例の一つ (Educational Testing Service, 2009, p. 167) は

Choose a teacher you admire and explain why you admire him or her. Please include specific examples and details in your explanation.

なのですが，この 15/45 を日本の大学生の中でもよくできる部類の人がやるとこうなりました．

I admire an English teacher who taught me English when I was first year student in high school. She has many experiences. She travels around the world every vacations. She is very adventurous person and she has very much sense of challenging. I was impressed by her positive way of thinking, and I want to be like her. (57 words)

1 行目の「an」は the,「I was first year student」は I was a first year student, より慣用的なのは I was a freshman,「has many experiences」は書いた人の本意が分からないので悩みますが，普通は experience を可算名詞 (a countable noun) として扱う場合には知識や技術の一つ一つという意味ですし，普通は十分な脈絡なしに唐突に "She has much experience." とか "She is experienced." とかは言いません．ですので，次の文の海外旅行などを指しているのであれば，青谷ならひとまとめにしてちょっとくどい文ですが "She has much experience abroad as she travels around the world during every vacation she gets." とでもします．「every vacations」は，every なので vacations ではなく vacation という問題もありますが，ごく口語的な場合をのぞき，every day のように every vacation とはあまり言わないので，during などの前置詞が必要です．「is very adventurous person」は is a very adventurous person, 最後の「she has very much sense of challenging」は，言葉をこ

---

22) 日本のほとんどの学習者は母語が日本語で，受験生の英語から始めて運用力の養成を図っている人たちです．そういう人たちには，やはり日本語が母語で受験勉強という共通のルーツを持つ青谷の英語が大変役立ちます．なぜなら，青谷の英語は彼らの英語のベクトルをそのまままっすぐ伸ばした所，彼らのベクトルの延長上にあるからです．ネイティブスピーカーは，間違いを直してもらうには大変良いのですが，彼らの英語は異次元です．単語や表現などの宣言的知識を学ぶには大変良い英語ですが，手続き的知識の養成には往々にして不適当．良過ぎて何がなぜどう良いのか，その良さが理解できないからです．まず青谷の英語から始めてください．青谷の英語と皆さんの英語の違いは，すぐに分かると思いますし，どんな発想をしているのかも，すぐに分かるはずです．同じ日本人で互いに元受験生ですから．

のまま生かすとすれば、she welcomes challenging situations/a challenge/challenges very much とでもなるでしょうか。なぜ単純な冠詞の欠落なども含めてここまで間違うかというと、それは宣言的知識に頼った処理では走りながら考える並列処理が大変難しく、Monitoring が十分に働かないからです。この人は45秒間で57語（76 WPM：毎分76語のスピード）しゃべりましたが、ETS の出している例 (Educational Testing Service, 2009, p. 322) では、ハイレベルなパーフォーマンスは45秒間で97語（129 WPM）で間違いは二つ、真ん中レベルなら45秒間で88語（117 WPM）で間違いは六つです。上の学生のパーフォーマンスのレベルの低さと日本人の発話力の低さがよく分かります。これでもかなりできる学生なのですが……。

　Type II の一例はこれです。

　例　Type II：Topic 159
　Some people believe that reading the textbook before the class is essential to get the most out of the lecture, while others believe it is more effective to read the book after the lecture. What do you normally do? Why do you think it works better for you?（講義から最大限のものを得るには、事前に教科書を読むことが肝要だと考える人と、講義の後で教科書を読む方が効果が高いと考える人がいます。あなたは通常どちらのやり方ですか。なぜそれがあなたにより適していると思うのですか。）

　この 15/45 Exercise がスピーキング練習のコアだと言いましたが、Transfer Appropriate Processing（転移適切性処理：1.5節参照）を考えれば、文の丸暗記などではなく、自分でアイデアから発話までやることが必要なのは当然です。1回目からできるわけもないので、その場での複数回の練習と時間をおいての複数回の練習を繰り返すことになるのですが、その際に、実力に応じて下から作戦や上と下からのサンドウィッチ作戦（convergence[23] from above and from below）が有効です。

　23）Convergence（収束）の数学的な意味を知っている人は、$1/x$ が x が無限に大きくなると 0 に収束する場合のように、一般的には収束とは漸近的に（asymptotically）その値に近づくことで必ずしもその値に実際に到達するわけではないと知っていますね。ここでも convergence from above and from below は asymptotic approach from above and from below（上と下からの漸近的接近）に過ぎません。完璧な英語にはネイティブですらならないですからね。

- 表現・内容という意味では，時間を 45 秒に固定し，貧しい状態（from below）から満足できる状態への上昇
- 時間という意味では，満足できる表現・内容を達成するには長くかかる状態（from above）から 45 秒への下降

です．

ある程度できる人　最初からある程度できる人は，時間を 45 秒に固定して，from below に重点を置かれることをお勧めします．45 秒の発話時間しかないためにスピード的に内容を表しきれないが，表したい内容はあり，語彙・文法・表現力にも問題がないのでそこそこはできる人には from below で瞬発力（reflex）を養うことが有効です．作文（writing）は自動的に from above 的活動ですので，ここでの重複は要りません．よってある程度できる人は，とにかく時間を 15/45 に固定し，内容も足りず全般的にグダグダだと感じる英語を，執拗とも思えるほどの反復練習によってより充実した英語に高めていく訓練が有効です．つまり，自分なりにほぼ完ぺきな英語を数分かけて作って，その 45 秒版を作ろうとする練習は，実際の言語活動を忠実に反映しない Transfer Inappropriate Processing（転移**不**適切性処理）になってしまうわけです．また，流暢さ養成の 4 要素の一つである Time Pressure もなくなってしまいます．ここで「ある程度できる」とは長い長い沈黙の内に 10 秒が過ぎたとか，途中で言うことがなくなって最後の 10 秒は沈黙とか，そういうことがなく，原則 45 秒間しゃべれているが，間違いも多く，内容や表現も貧しい人です．なお，ある程度できる人ほど，自分の英語をグダグダだと感じるようですから，グダグダと分かる程度の力はあると，状況を前向きにとらえるべきです．

発展途上の人　では，沈黙が長かったり，途中でネタが尽きたりする人はどうするのか，そういう人は from above と from below のサンドウィッチをやります．もちろん，Transfer Appropriate Processing と Time Pressure の観点からできるだけ早く from below だけでも大丈夫なようになる努力は怠ってはいけません．

(1) 発話の準備時間を 30 秒から 90 秒かけてより充実した箇条書きのメモを作って話す．

(2) 最初に2，3分間英語で話し，内容を変えずに段階的に時間を短くする（たとえば，3分→2分→1分→45秒の順で）。
(3) 日本語（母語）で45秒話し，次いでその内容を英語で言う（目標は45秒ですが，より長くかかっても構いません）。
(4) 60秒など，十分な時間をとってメモを作り，日本語で45秒しゃべった後，英語で45秒しゃべる。

などを授業ではやっていますが，各自で工夫して自らの学び方を構築してください。基本は，まずアイデア（話の内容：Conceptualizer）をあらかじめ確立し，Formulatorの仕事である単語・表現選びや文法的に正しい構文の組み立てを事前リハーサルで助けることです。

Type II：発展途上の学生の例　　ETSが出しているType IIのトピックの一例（Educational Testing Service, 2009, p. 169）は

> Some students study for classes individually. Others study in groups. Which method of studying do you think is better for students and why?

なのですが，この15/45を学生の中でも発展途上の人がやるとこうなりました。

> I like a method of study for classes individually because I didn't, can't concentrate on my task with listening to others' talk and I hate to talk with others when I studies or concentrates something. And I (37 words)

ここまで来ると全体が壊れ過ぎていて「間違いの数」というコンセプトすら容易に成り立ちませんので，語数だけを見ますと，これは49 WPM，ETSの例（Educational Testing Service, 2009, p. 323）でハイレベルは121 WPMで間違いが六つ，ローレベルは100 WPMで間違いが四つですので，上掲の学生のパフォーマンスはスピードも正確さも問題外です。なお，ETSの二つの例から，アウトプットの量や全体構成や間違いの質がしかるべき形で考慮されていることがよく分かります。だからこそ，間違いの数そのものは六つと多くても，ハイレベルのパフォーマンスと評価されることが可能なのでしょう。

(2) Free Translation（意訳・略訳・概訳・ズレ訳・自由訳）

日本語6文で表された内容を60秒から90秒の英語で言う訓練です。ポイントはこれが単なる口頭和訳（Oral Translation）ではなく，口頭意訳（Free Oral Translation）である点です。"Free"の本当の意味を順次説明しますが，練習用の日本語の文はここにあります。

http://aoitani.net/Facts.doc　（事実羅列型）
http://aoitani.net/Opinions.doc　（意見・思考型）

事実羅列型と意見・思考型があるのですが，内容の違いを口頭で説明するよりも，具体例を見せましょう。

【事実羅列型】
1. 朝目を覚ますと7時半だった。
    1. 普段より30分遅い。
    2. 駅へ走って行った。
    3. 電車に飛び乗った。
    4. 授業が始まる2分前に教室に滑り込んだ。
    5. 汗だくは俺だけだ。

【意見・思考型】
39. 警官が飲酒運転でつかまった。
    1. 当然だが，精神の病ででもないかぎり，故意である。
    2. そういう人間にどんな罰が適当なのか，よく議論になる。
    3. 警察官なので，より重い罪だとの意見。
    4. 警察官であろうとなかろうと，故意なのでより思い罰則が必要との意見。
    5. 一般人が裁判に参加すると，罪の重さに対する認識も罰則も変るだろうか。

意見・思考型は本当に意見・思考型でしょう？　練習は一通り全体を読んでから，文を見ながら行います。

　ここでの心得ごとは，筆記か口頭かというモードの違いを度外視するとしても，中学高校でやるような典型的な英文和訳ではけっしてないということです。ましてや逐語訳では絶対にありません。学生さんには「書かれている日本語を見て，言葉そのものを英語におきかえるのではなく，その日本語の『意味』を

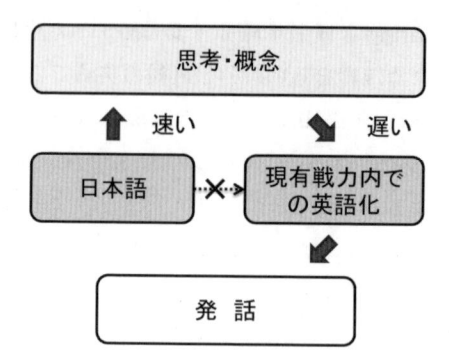

```
           ┌──────────┐
           │ 思考・概念 │
           └──────────┘
            ↑速い  ↓遅い
   ┌──────┐      ┌────────────┐
   │日本語 │⋯×⋯→│現有戦力内で │
   │      │      │の英語化    │
   └──────┘      └────────────┘
                        ↓
                   ┌────────┐
                   │ 発 話  │
                   └────────┘
```

Figure 7 Free Translation. 日本語を見てその上流にある思考・概念・意図をつかみ，それを現有戦力の英語で最大限表します。けっして逐語訳ではないという意味で，中央の×があります。

現有戦力の英語で言う」と説明します（Figure 7）。「意味」とは言語から独立（language-independent）した Conceptualization レベル（79ページ参照）の意味で，日本語の文が提示されている理由は，Conceptualizer の仕事を軽減し，一番トレーニングの必要な Formulator や Thinking-for-Speaking Filter の訓練に集中することです。ですので，図式化すると，和文英訳という意味でのストレートな 日本語 → 英語 ではなく，

日本語 → (日本語の表す) 概念 →→ 概念の英語にできる形・部分 →→→ 英語

となります。このうち，「（日本語の表す）概念」は Conceptualizer が産出する物と同じで言語から独立したオブジェクト，→→は Thinking-for-Speaking Filter が関与するプロセス，→→→は Formulator の仕事です。したがって，最初の→は学生さんへの説明の中の「（言語から独立した）その日本語の『意味』」を抽出するプロセスで，日本語のネイティブスピーカーにとっては，このプロセスは完全に自動化されていますので，Thinking-for-Speaking Filter と Formulator の訓練に集中することができるのです。ちなみに，和文英訳的な日本語べったりの「日本語」→「英語」ルートは否定しましたが，最初からコンセプトが言語で与えられていると，Formulation はたとえば絵や写真などで表されたコンセプトの場合よりは楽です。人間の言語には相違点よりも共通点の方が多いですから，名詞や動詞の入れ替えがその典型ですが，無意識の内にあ

るレベルまでは翻訳で済ませているからです。

　さらに，学生さんへの説明の中の「現有戦力の英語で言う」の部分にも注目してください。これは fluency の向上訓練ですが，学習の四重螺旋の意味重視のインプットのところで「処理し始めることすらできないほど難しいインプットは処理練習には適さない」と当然のことを言ったのを覚えておられると思います。Thinking-for-Speaking Filter と Formulator の訓練も同様で，概念をネイティブレベルの英語で表そうとする完全主義では不完全な欠陥訓練に陥ります。そもそも日本語のネイティブスピーカーが日本語で表した概念を，英語学習者がそれとまったく同レベルの英語に直せるわけもありません。Filter と Formulator をフルに動かすためには，意訳・略訳・概訳・ズレ訳を恐れない，というよりは積極的に利用することが大切です。15/45 Exercise のところで，Convergence from below の重要性を説明しましたが，**貧しい英語だがスピードはある状態から練習を重ねてアウトプットのクオリティを高めることが，流暢さと自動性養成への最良の方法です**。時間設定を 60 秒から 90 秒程度にしているのもこれが理由です。きっちりと英文和訳的な訳をしようとしたら，数分はかかるのではないでしょうか。それから，意訳を特に強調する理由は，逐語訳を筆頭に直訳は時間がかかるのに正しい英語にならないからです。単語レベルではなく，意味単位レベルで，意味の塊（かたまり = chunks）ごとに，その意味を表す英語を考えるのが正しい作法です。

　青谷の具体例　　御託はこれくらいにして，青谷の具体例を出しましょう。15/45 Exercise では，うまく行き過ぎた場合の例を出したので，ここではグダグダ過ぎて解説不能に近いものを出しましょう。しかも 60 秒がターゲットだったのに 70 秒かかりました。専門の関係で社会系の話題は苦手ですが，第 1 文からグダグダで，ちょっとひどかったです。そのまま，忠実にディクテーション的に書いてあります。

　　39.　警官が飲酒運転でつかまった。
　　A police officer was arrested for drinking for for drunk driving.
　　　（for drinking とまず言ったのは，おそらく for driving under the influence of alcohol がすぐに出ず，パニックになったからでしょう。for drunk driving で逃げています，もちろん正しいですが。）

1. 当然だが，精神の病ででもないかぎり，故意である。
   Ah... Needless to say, unless that person was mentally ill, it was intentional. He did it on purpose knowing... He did it knowingly.
   (ここでの「故意」は「悪いと知っていて」という意味であって，何らかの邪悪な目的を持ってという意味ではないので，knowingly でしょうが，なかなか出ませんでした。)
2. そういう人間にどんな罰が適当なのか，よく議論になる。
   Ah... what kind of a punishment is appropriate for a person like that ah is discussed very often, and ah...
   (discussed と直訳調に言わなくても，受験単語の controversial などで十分でしたね。今考えれば。)
3. 警察官なので，より重い罪だとの意見。
   Some people think, you know, for police officers the punishment, it it is a heavier crime.
   (you know は単に時間稼ぎです。4番の罰則と3番の罪が脳内で混乱しました。)
4. 警察官であろうとなかろうと，故意なのでより思い罰則が必要との意見。
   Others feel whether it is a police officer or not is immaterial, it's not important. And, ah ah, the reason why it should be, ah the punishment should be more severe is because it is intentional.
   (it should be で始めてもその先が構文的にやばいので，捨てる羽目になりました。the reason ... is because はネイティブも使う英語ですが，本当はよろしくないのです。また，意図的・計画的という意味なのでここではふさわしくない intentional をご丁寧にまた使ってしまっています。計時しながらやったのですが，もう時間もなく，言い直しはやめました。)
5. 一般人が裁判に参加すると，罪の重さに対する認識も罰則も変るだろうか。
   If lay people, ah, join the judgment process, the process of judgment, would the punishment change?
   (ここでタイムアップだったので，急ごうとして，かえって変な言い直しをしてしまっています。「罪の重さに対する認識」の部分は長いし難しいのではしょりました。これは略訳・概訳・ズレ訳の例です。これを書いている今のように，もっと時間があれば，If lay people are also included in the trial, would the judgment regarding the seriousness of the crime and the appropriate punishment be different? とか，もっと良いのができますが，それがこの練習の趣旨ではありません。ところで，青谷の英語は今なお間違いだらけでして，冠詞を中心にこの時間をかけたセンテンスでも100％正しさの保証があるわけではまったくありません。念のため。)

最後に Free Oral Translation の高級バージョンとして日本語の音声ファイル

を原則1文ずつ聞いては止め，聞いては止めしながらOral Translationをやるオプション（Consecutive Oral Translation：口頭逐次通訳）と，最高級バージョンとして音声を流し続けながら意訳・概訳をやり続けるオプション（Simultaneous Translation：同時通訳）があることを記してこの項を終わります。

(3) Picture Task（絵の描写）

Conceptualizationの部分にも教材・訓練法の三重螺旋（43ページ脚注参照）の一つであるDiversity（多様性）を入れます。日常生活ではreal-timeで見ている目の前の物・出来事について話したり，頭の中にあるconceptはむしろ絵・イメージであったりするのも当たり前ですから，そういう状況に対処する練習になりますし，勉強に飽きが来ないように「味を変える」効果もあります[24]。これもConceptualizerの負担を軽減しますが，絵からの情報があるだけで言葉にはなっていないので，その意味での脳への負荷がちょっとあります。

Figure 8 言い争う二人の男

---

24) ギャル曽根の大食いを見たことがありませんか？ 途中でわざわざ油っこいマヨネーズをかけたり，急にソフトクリームを間にはさんだり，そういうことをよくしています。腹が膨れるだろうに，「味を変えることでもっと食べられる」そうです。英語もこれと同じで，「味」を変えて多様性を保証するともっと脳に入ります。しかも胃袋は一つだけですが，脳内の知恵袋（実際にはおそらく神経のネットワーク）は無数にあって，種類が変わると空っぽの他の袋に入って行くイメージですから，「味を変える」効果はギャル曽根以上です。

しかし，焦点はThinking-for-Speaking FilterとFormulatorであるのは（2）のFree Oral Translationと変わりません。青谷が過去に使ったのは，Heatonの4冊の本（1966, 1971, 1987, 1997），Wrightの本（本の最後のBibliographyとFurther readingがとても役立ちます）（1989），ESL（English as a Second Language）としての英語学習・教育のサイトなど（ESLFlashcards.com 2012, n.d.; eslflow.com, n.d.）ですが，絵であればそれで良いので，新聞の4コマ漫画や様々な雑誌の写真なども使えます。Figure 8は一例です。

やり方はFree Oral Translationに似ていますが，最初に15秒から30秒絵を見て，その後45秒から60秒しゃべるというのが定番です。絵が目の前にあるので，メモ取りは不要だと思いますが，やってはいけないわけではありません。ほとんどの学生さんはメモ取りなしでやっています。たとえば4コマ漫画だと，内容にもよりますが，コマごとに最低3文または三つの内容を言うとか，そういう縛りのかけ方が良いと思います。良い訓練は単なる状況描写にとどまらず，自分の推測・意見・好み・他の状況との比較なども盛り込んだものであるのは言うまでもありません。

さらに，FormulatorやThinkingf for Speaking Filterのみではなく，Conceptualizerをフルに使う訓練のためには，上限を設ける時限訓練ではなく，下限を設ける訓練も有効です。つまり，最低限2分間は話し続けるというように，ネタ切れにならないように頑張って一定時間以上話し続ける訓練です。もちろん，同様の訓練は他のSpeaking Tasksでも可能なのですが，イマジネーションが広がりやすいのでしょうか，Picture Tasksで特に上手くいくようです。

さて，Picture Tasksには動画版もあります。録画した内容を流しながらリアルタイムでなかば実況中継的に場面場面を説明していくのです。これですと，自分で計時しなくても自動的に流れる画面が時計の役割を果たしてくれます。静止画以上の難度ですが，moving target（動き続ける的）は，景色であれ，情勢であれ，自分の考えであれ，英語の実用使用では当たり前ですね。特定の放送局を支持するつもりは毛頭ありませんが，この練習がやりやすい番組の一例はNHKの「世界ふれあい街歩き」です。後は局にかかわらず自然シリーズなどナレーションとナレーションの間が長く，ひとまとまりのナレーションの一つ一つが短いものが良いでしょう。

(4) Oral Composition (口頭作文)

　ここまで来るともはやConceptualizationのサポートもありません。お題を与えられて，それについて口頭作文をします。言語装置をすべてフル稼働させますので，かなりネイティブの英語モードに迫ります。これがまともにできる人は，英語での言語的スタミナもついているので，2, 3分話し続ける練習（ロングトーク）と，瞬発力の維持と養成のための45秒から60秒のミニトークとを組み合わせるのも良いでしょう。しかし，ここでの訓練の中心はロングトークです。ミニトークでは準備時間も15秒に限りますが，ロングトークはしっかりと準備をしたりノート取りをしたりしてから始めて構いません。ロングトークで意識することは

① 長い沈黙を避ける。
② 自分の間違いに気づく努力をし，単語の発音間違いや冠詞・前置詞の間違いなど，簡単な物であればその場で言い直す。
③ もっと込み入ったものや，間違いだと分かっても正しい言い方は分からない場合には，間違いであるという事実を心に留める（これはMonitor装置の訓練でもあり，意味重視のアウトプットで説明した弱点の前景化（foregrounding of linguistic shortcomings）活動でもあります）。
④ 知識があやふやなために正しいかどうか確信が持てない場合には，そこで立ち止まるのではなく，「自分はここの知識があいまいだ」と意識しながらそのとき思いついた文型や表現を使っておく。
⑤ 最初はアイデアも英語もすこしぎごちなくても，終わりの方ではだんだんと流れがよくなり，最後はpunchlineでまとめられるよう努力をする。

などで，①はfluencyの養成に，②，③，④はMonitorの訓練と弱点の前景化に貢献し，それを通してDEAR（Database of Errors and Ambiguous Representations）の構築ができます。自分の間違いや弱点や知識のあいまいな部分を普段から強く認識していれば，Corrective Feedbackの効果も大きく，またネイティブの文や会話でDEARのエントリーの正しい言い回しに出会ったときには，memory traceが強い分だけ，より深い学びが可能になります。ここは，Levels of Processingの考えです。トピック毎に辞書を引き，参考書を調べていたのでは，先に進めませんし，なにより量が稼げませんので，DEARの

構築さえ心がければ，やりっ放しでも構いません。最後に⑤は日本語話者が日本語でスピーチをするときには典型的に見られる現象で，話しながら軌道修正をしたり内容構成を考えたり考え直したりし，最後に landing を成功させるという母語では平凡だが英語では高等な技術を目指しての訓練です。どんな会話でも，飛行機のように離陸時に航路が完全に決まっていることは少なく，状況を見ながら目的地まで飛ぶ，かなり臨機応変な判断を要する飛行です。この「臨機応変」力が要求されるのが⑤なので，これができるかどうかは，全体的・総合的な英語力の目安でもあります。

なお，ミニトークは若干 15/45 Exercise とかぶりますが，特に下で説明する GRE のネイティブ用トピックは，TOEFL のスピーキングのトピックとはレベルがまったく違いますので，やる価値が十分にあります。

僕の講義では基本的には2種類のお題をやっています。一つ目は，英語学習者用の TOEFL の作文トピックで，これはリーディングのところで出てきた ETS が公開している 185 題の作文のトピックの例題およびそれを模した市販の教材です。

http://www.ets.org/Media/Tests/TOEFL/pdf/989563wt.pdf

普通の作文よりは口頭作文の方が難しいかとは思いますが，深い知識を要求するようなトピックではないので，英語力が邪魔をしないかぎり，途中で何もしゃべれなくなることはありません。10 年間勉強するには 185 題では足りませんが，市販の TOEFL 対策教材以外にも青谷のサイトにも TOEFL タイプの作文トピックが出ています (http://aoitani.net/TOEFL_Speech/TOEFL_Writing_Topics.doc)。

二つ目は GRE の作文トピックで，これもリーディングのところで出て来ました。サイトはここです。

http://www.ets.org/gre/revised_general/prepare/analytical_writing/issue/pool

これはネイティブスピーカーで大学院進学を希望する人たちの 30 分作文用なので，TOEFL の作文トピックよりは内容がずっと高度です。これについては，自分の口頭作文に必要な単語や表現を調べて覚えることによって，流暢さ養成の

四要素の1番目であった，宣言的知識の向上（現有戦力の拡大）にも役立てることができます。言うまでもなく，本書の目的である教養あるネイティブスピーカーと問題なく会話ができるレベルを達成するには，この程度の話はできねばなりません。

(5) Summary Task（要約）

これはインプット処理とスピーキングを合わせたintegrative（統合的）な練習です。ネイティブスピーカーの英語力を抽象レベル・マクロレベルで検証すると五つの特徴が出て来ます。

① インプット処理では次に何が来るのか，アウトプット活動では聞き手・読み手が内容を理解できるかを的確に推し測ることができる（**予測力**）。
② 特にインプット処理では欠落している情報を補うことができる（**穴埋め力**）。
③ 長い話を聞いたり長い文を読んだりした後，詳細・細部は思い出せないが，要点はノンネイティブより遥かにしっかりと説明できる（**凝縮力**）。
④ 箇条書きなど骨子があれば，リアルタイムでそれに肉付けをしてフルストーリーを生みだせる（**拡張力**）。
⑤ 見たことも習ったこともなくても他のネイティブスピーカーに意味が通じる新しい英語表現が作れる（**創作力**）。

がそれです。①と②は母語話者には当たり前の能力で，主にセンテンスからパラグラフレベルで処理が完結し，特殊な訓練というよりは英語力全般の向上によって母語から移行可能，④は15/45 Exerciseに取り込まれています。後は③と⑤ですが，⑤は何十年もの学習の先に運が良ければ手に入るものです。よって，もうちょっと手に入りやすい③をやりましょう。③はマクロなスキルであって，母語話者であれば例外なく備えているわけでもないので，センテンス・パラグラフレベルの①や②とは性格を異にします。③の前半は要点をしっかりと頭に入ることですので，リーディングでもリスニングでもインプット処理力ですが，あとの半分はスピーキングの力です。既出ですが，長い話が何についてであったかというような理解は，言語としてよりはむしろ概念（concept）として頭脳に格納されています。よってSummary TaskはConceptualizerを含むスピーキングのすべてのツールを動員します。

使える教材は，リスニングとリーディングで使った最低でも1分（リーディングでは100語換算ですが，短過ぎて要約が苦しければ適宜長さを調整してください。例によって個人差があります）の長さのある教材すべてです。全体のリスニング/リーディングのあと，口頭で要約を述べます。1分長のものでも，3から5分の長いものでも，せいぜい45秒以内でまとめます。計時は必須です。さらに Voice of America などでは15分くらいの長いものもありますが，ちょっと練習のメリハリの問題があって，京大生はやっていません。青谷の学習者・教育者としての経験では，15分聞いて45秒まとめでは心が滅入ります。Quick and crisp（手早くきびきび）が良いと思いますよ，多分，好みの問題ではありますが。なお，全体の長さが1, 2分を超えるものでは，リスニングならメモ取り，リーディングならテキストに印を付けることを許しています。

(6)　Pair Work（二人で練習）

この本は大人のための納得ずくの一人でできる英語力養成法の本ですが，やはり会話も少しは必要ですし，それなりの楽しさもあります。さらに外部モニター（external monitor）としての他人の耳の効用も無視できませんので，Pair Work もやります。説明不要かもしれませんが，Pair Work とは二人で組んでやる練習です。どうしても独り言的な練習の場合には，無意識の内に説明が雑になったり，内容が不足したりしがちです。これは自分では自分の言いたいことが十分分かっているためで，本能のなせるわざなので，仕方がないと言えば仕方がないのです。そこで，会話のパートナーや自分の一方的な発話の聞き手を投入します。

基本形が2種類あって，一つは Pair Discussion で，もう一つは One-Way Presentation Task です。Pair Discussion は与えられたお題についてのディスカッションで，授業では2, 3分に時間を限って，これもメリハリをつけてやっています。かなりの上級者になると free conversation も良いのですが，ほとんどの学習者はトピックを色々与えられた方が，多様な英語の練習もできてより好都合です。授業で使っているトピック群はここにあります。

http://aoitani.net/TOEFL_Speech/Conversation_Questions.doc

会話中はパートナーの発話の中の間違いをできるだけ多く見つける努力をしてください。そして，三単現のsのような，簡単に直せる間違いはその場で発話に割って入って直してあげてください。こういう Corrective Feedback（修正フィードバック：1.8節参照）を here-and-now feedback[25]（この場で今与えるフィードバック）と言い，その効果は折り紙つきです。

しかし，Pair Discussion には難点もあります。一つは二人の fluency レベルが合っていないと良い練習になるような活発なやりとりからなる会話が成立しないこと，もう一つは Monitor 装置を働かせて相手のミスをピックアップしようとしても，自分の発話のプラニングとの並列処理でシステムが飽和状態になることです。この二つの問題を同時に解決する試みが One-Way-Presentation Task です。これは，お題を与えられてそれについて一人が2, 3分話し，その間もう一人は聞き手に徹するというものです。話す方は聞き手がいることでより丁寧に分かりやすく話すようになりますし，実力に応じて自分のペースで話すことができます。また聞く方は聞くだけに徹するので話し手の間違いに気づきやすくなるのです。話し終わった直後に聞き手の方から話し手に単語の選択や文法のミスについてのフィードバックをします。スピーチが2, 3分なら，1分のフィードバックでも十分だと思いますが，これを交替でやるのです。トピックは上記の Pair Discussion や TOEFL のスピーキング用のものでも良いし，レベルの高さから発話内容の方に気をとられて自分一人では英語の間違いの Monitoring がつらい GRE の作文トピックでも構いません。

(7) Write and Speak/Write to Speak（作文をもとに話す）

Write and Speak（Write And SPeak：WASP）または Write to Speak（Right to Speak〔発言権〕との掛詞）は，作文とスピーチのコンビネーションです。ライティングについては，実は次のセクションで詳説するのですが，Write and Speak は文字通りまず作文をしてから，その内容を今度はしゃべるというものです。作文の過程でアイデア，単語，表現を頭に入れること（これを seeding〔種まき〕と言います）で，スピーチがずっと楽になります。

---

25) この反対は there-and-then（あの時あの場所で）です。

この練習にも二つの目的があります。一つ目は非常に発話力の弱い人をサポートすることです。発話力は発話練習によってしか身に付かないのに，Oral Composition がまったくできない人がいます。こういう人はまずステップワンとして同じお題について作文をし，その後で口頭作文に移ると良いのです。二つ目はもっとできる人により高度な発話の機会を与えることです。お題を与えられてからいきなりの Oral Composition では，複雑な文構造を持つ内容の濃い発話にはなかなかなりません。しかし，そういう充実した内容と高いレベルの発話力も当然必要なわけですので，七つ目としてこの練習を入れています。1回の作文はスピーチ10回分の労力を要するかもしれませんが，思考を文字化すると視覚情報としても脳に取り入れられる[26]ために，自分の作文全体の鳥瞰図と細部の状況（単語・表現・構文の一つ一つ）がくっきりと見えてきます。これを踏み台にワンレベル上のスピーチを試みるのです。いずれにせよ，作文練習も続けない訳にはいかないので，一石二鳥です。実際には，スピーキングのためにわざわざ作文をするのは大変ですので，むしろ逆に作文練習をするたびにスピーキングも抱き合わせで行うのが良いでしょう。
　作文学習に使えるトピックについては次節「書く」を見てください。

(8) Recording（録音チェック）

　Levelt のモデルの Monitoring はリアルタイムで動いていますが，これは並列処理であって，完全な Monitoring はノンネイティブには不可能です。そこで，自分のスピーチを録音し，聴解のように自らの発話を検証することも必要です。このような一人時間差の Pair Work（One-Way Presentation Task）は DEAR に載せるべきエントリーの発見にもつながりますし，自分のアウトプットの微に入り細を穿った品質管理のための唯一の方法でもありますので，必ず訓練に織り込んでください。ただし，主はどんどんしゃべる練習で録音チェックは飽くまでも従です。無視しえない従ですが。

---

[26] 目から得た視覚情報は，必ず大脳を経由して処理されますが，聴覚情報には小脳に直結して処理されるルートがあります。母親が赤ちゃんに話しかけると，知覚と運動機能を統合する小脳の働きで音に合わせて筋肉を動かす仕組みが発達し，それが言語の獲得に貢献するとの説もあります。

最後にスピーキング能力がライティングにつながるのは当然としても，スピーキングはリスニングも助けるという事実を確認しておきます。その理由は，他人が英語を使ったときに，自分も使いこなすツールなので，どのような意図でどのような使い方をしているのか理解したり予想したりすることが容易だからです。

> **まとめ 5**
>
> **話　　す**
>
> 1. Levelt のモデルが全体像把握に役立つ。
> 2. 発声（Articulation）のための音出し訓練が別途必要な場合もある。
> 3. 15/45 をコアにすえる。
> 4. 逐語的和文英訳ではなく，日本語の「内容」を現有戦力の英語で意訳・略訳。
> 5. 絵やビデオなども Conceptualization に使用する。
> 6. 口頭作文や口頭要約でネイティブの能力に近づく。
> 7. 外部モニターとしての聞き手がいれば，発話の内容に十分に注意をはらい，間違い指摘もしてもらえる。
> 8. 課題作文の後で，同じ課題についてしゃべるとスムーズな練習ができる。
> 9. スピーチの録音・再生で，間違い・欠陥のモニタリングに集中できる。

2.6 書　く

　アウトプットは圧倒的にライティングよりスピーキングを優先すべきで，その理由の一つは「③ライティングにはリーディングのように行ったり来たりしながら推敲を重ねながら自分のペースでできてしまう側面があり，これはfluencyの養成上問題がある」，だと2.5節「話す」の冒頭で書きました。しかし，Meaning-Focused Output（意味重視のアウトプット）の活動の一環として，大人の英語力の必須スキルとして，またリーディングと同じく宣言的知識の向上を図る有効なツールとして，ライティングは欠かせません。さらにスピーチ（話し言葉）に比してライティング（書き言葉）には以下のような特殊性もあります (Biber, Conrad, Reppen, Byrd, & Helt, 2002; sabri.org, n.d.; Westminster, n.d.)。

- 語彙・文法・表現・構成に制限が多く，話し言葉ほど融通性がないが，同時に話し言葉のように簡単には変化しないという特性もある。
- 時間をかけた編集・推敲が可能で，アイデアを凝縮させた形で表現でき，複雑な構造の文も可能である。
- 時空を超えて存在する。すなわち，音波は一瞬にして通り過ぎるが，紙やスクリーンの上の文字は継続的に存在し，他所への移動も容易である。
- 以上が理由で，現代社会で公式に認められるのは書き言葉であり，話し言葉とは完全に独立した用途・地位を確立している。

これらがライティングが大切であるさらなる理由です。

(1) 和文英訳ではなく課題作文

　Transfer Appropriate Processing（転移適切性処理：1.5節参照）の観点からも，学校英語的な和文英訳ではなく，与えられたトピックについての作文をします。また，fluencyの向上を保証するために，時限練習を取り入れます。与えられたトピックとしては，「(A) 非常に具体的なもの」と「(B) より包括的なもの」をやられることをお勧めします。

2.6 書　く

具体的なトピック　（A）の具体的なトピックの例は既出の TOEFL Writing Topics（http://www.ets.org/Media/Tests/TOEFL/pdf/989563wt.pdf）や上級者用には GRE の Analytical Writing Issue Topics（http://www.ets.org/gre/revised_general/prepare/analytical_writing/issue/pool）があります。これらは以下の3ステップをワンセットとして練習していきます[27]。もちろん第0ステップとしての主題と大まかな全体構想の決定がありますが，ここではライティングのライティングたる部分だけを示しています。

① 制限時間内にどんどん書く，ただし，下記の目安を量的に満たさない場合には，時間を延長しても良い。（Write on!: Right on!）[28]
② 時間無制限で見直し，自力で直せるものをすべて直す。（Look over: Lo!）
③ 辞書やネットで調べて，さらに修正を加える。（DNA: Dictionary, Net, Additional corrections）

最初の時間制限と量的制限ですが，たとえばETSによると，"An effective response is typically about 300 words long."（よく書けた作文は普通〔30分で〕300語くらいの長さです。）だそうです (2009, p. 206)。カッコ内の30分は青谷の説明的挿入ですが，実際の TOEFL では作文の時間が30分ですので，単純計算だと1分に10語です。TOEFL 用の練習としては，本当に30分作文をすべきでしょうが，われわれの直接的目標はそれではありませんので，10分で100語とか15分で150語を目指すのが良いと思います。よって，①の制限時間は10分か15分，目安量はそれぞれ100語と150語となります。①は fluency の一側面であるスピードの向上が目的なので，立ち止まらず振り返らずに一気に書き続けます。②は脳内システムが忙殺されていない状況で，改めて Monitoring がどこまで働くかを検証するとともに，DEAR（Database of Errors and

---

27) このように練習を進行させることを，「どじサイクル」と呼んでいます。というのも「どんどん→じっくり→どんどん」のサイクルで訓練が進むからです。
28) 語呂合わせ・言葉遊び・mnemonics（記憶を助けるデバイス）を説明しておきます。"Write on" は書き続けることで，発音がまったく同じ "Right on!" は「やったね！」「その調子！」「賛成！」等の意味。Look over はテストなどにも使われてやったものを見直すことで，"Lo!" は "Lo and behold!" と慣用的にも使われ，「見よ！」という間投詞，DNA は単に「辞書（Dictionary）とネット（the Net = the Internet）と更なる修正（Additional corrections）」ですね。これがさらに進化した次世代の英語力につながるから DNA です。

Ambiguous Representations）のエントリーを増減させるステップです。これは英語力向上のための大変大事なデータベースです。だから DEAR なんですね。Monitor 装置が見つけてくれた間違いは，「自分がよく間違う項目」（Error）として DEAR に付け加えられ，もう一つ確信が持てないものは，「あいまいな知識なので確認が必要な項目」（Ambiguous Representation）として DEAR に付け加えられます。最後に③は FLUENCY 養成の4要素の一つである「(1) 十分な宣言的知識」（14, 15 ページ参照）の獲得に貢献します。

　これらの3段階を，ネイティブスピーカーが小学校で作文を習うときの三つのステップ(1) writing，(2) revising，(3) editing と比較してみましょう。(1) writing は間違いや構成の悪さを気にせずにどんどん書くこと，(2) revising は全体構成を変えたり，文の順序を変えたり，パラグラフを書き直したりするような大きな改善をすること，そして(3) editing は一単語，一表現，一行，一文のレベルで細かなミスや不適切な語・表現の選択を直して仕上げることです。(1) writing は，ノンネイティブの① Write on（Right on!）と同じコンセプト。(2) revising は日本人が日本語で作文をするときには行うべきこと，あるいは自然にやっていること，であって，アイデアをより明確に表すための宣言的知識の利用技能（＝手続き的知識）であり，よって言語間で移行可能です。言い換えればこの練習はいりません。(3) editing はネイティブスピーカーの場合には，語の選択，同一語やよく似た表現の回避などによって，より効果的で効率的な意味の伝達を目指すとともに，文の巧みさも目標とするものですが，英語学習者の場合には，ここに至るのは少なくとも10年後です。というわけで，(2) revising はノンネイティブの英作文訓練からは除き，(3) editing は宣言的知識の強化を含む英語の基礎力強化訓練として「②自力で直す」と「③辞書やネットで調べる」の2段階に分けました。ネイティブスピーカーの巧みで明確な説得力を持った作文を書く訓練と，ノンネイティブのまず正しさとスピードを追求する訓練の違いですね。ただ，英語の基礎力が向上するにつれて，少しずつネイティブモードの作文法に移行しなければなりませんので，上記のネイティブのやり方も最初から頭に入れておかれると良いでしょう。

　包括的なトピック　　（B）のより包括的なトピックの具体例は「今日は何をしましたか」とか「最近どうですか」とかになります。特に，「今日は何をしま

したか」の3から5分間のライティングとそれに続く1,2分のOral Composition（口頭作文）を毎晩寝る前にやられることをお勧めします。日替わり定食的に毎日内容が変わるわけですから，ありとあらゆる種類の英語，それも自分が普段やることや考えることを表す英語の重点的な練習ができます。これだけでも10年間やり続けると300時間くらいになり，1万時間の1/30が達成できるのですよ。なお，包括的なトピックについては，僕は基本的にはやりっ放しで良いとの姿勢です。すべてが緻密学習ではスタミナ切れになると思うので。ややこしいものはDEARに入れてそのままにし，事後の解決に待ちましょう。

　念のための繰り返しになりますが，具体的なトピックのライティングの後にもスピーキングを入れてください。スピーキングにかかわらず学習者の練習をやりやすくするツールをscaffolding（足場）と呼びますが，ライティングはそれに続くスピーキングのためのscaffoldingです。

(2)　ライティングとスピーキング

　最後にライティングとスピーキングの関係についての興味深い研究をご紹介しましょう。ともにreceptive skills（受容スキル）であるリスニングとリーディングについては，Dual Process View（二経路説）が優勢だと述べました（65ページ脚注参照）。おそらくこれはproductive skills（発信スキル）であるスピーキングとライティングにもあてはまると考えられます。しかし，それと同時にリスニングとスピーキングがインプットの取り込みの後には多くの処理をシェアしたように，ライティングとスピーキングも最後のアウトプットの前処理にいたる直前までは，多くの処理が重複するはずです。

　　Conceptualizer → Thinking for Speaking Filter (ThiS) → FormulatorS → Articulator

（ここではFormulatorがスピーキングに特化したものであることを明示するためSを添付してFormulatorSと表記しています）のスピーキングモデルを青谷がライティング用に修飾したものが

　　Conceptualizer → Thinking for Writing Filter (ThiW) → Formula-

```
Conceptualizer
    ↓
Thinking for
Writing Filter
    ↓
FormulatorW
    ↓
Scribe
    ↓
Output
```
(Monitor に全体接続)

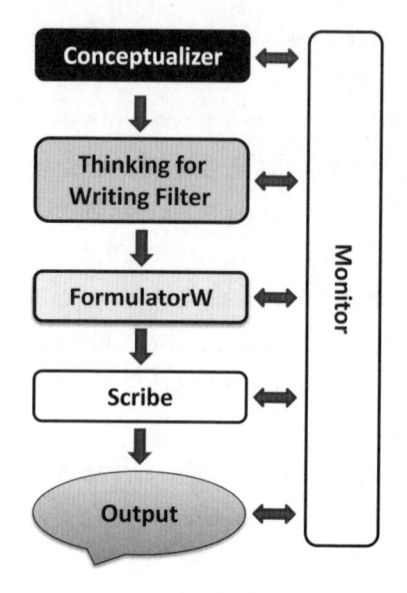

Figure 9 Levelt のモデル修飾版ライティング用

torW → Scribe

(「Scribe」とは本来写字・筆記を行う人で，書記のように自分の考えではなく，他者が作ったすでに完成している文をそのまま書き写す人です）です（Figure 9）。

　この内「ThiS」と「ThiW」間の違いは少なくとも学習者にとっては僅少であり，とりわけアウトプットが一単語であれば，表現や文レベルでのスピーキング（発話）とライティング（作文）の違いがまったく問題にならないので，ThiS と ThiW は同一または無視しうる貢献しかしないと考えられます。「Articulator」と「Scribe」間の違いはどの筋肉をどう動かすかという運動学的要素も濃い物だと思われますので，一番大きな言語的違いは「Formulator」の部分でしょう。Formulation（Speaking）の描写は以下の通りでした。

　（Conceptualizer が作った）意図を言語で表せる形にするため，単語を選択して発音を含む諸情報を取得し，活用形を検討し，語順・文法・構文の処理を行い，脳内に covert speech（内的発話）を形成すること

よって Formulation（Writing）は以下のようになります。

> （Conceptualizer が作った）意図を言語で表せる形にするため，単語を選択して spelling を含む諸情報を取得し，活用形を検討し，語順・文法・構文の処理を行い，脳内に covert composition（内的作文）を形成すること

これらを注意深く読み解くと，スペリングまたは発音情報取得の直前，つまり単語の選択までは発話でも作文でもまったく同じプロセスのはずです。そしてそれがごく最近定量的に検証されました（Perret & Laganaro, 2012）。具体的には，絵を見てそれが表す単語を手書きもしくは口頭で産出する活動ですが，目から絵を取り込むのに約 150 ミリ秒，その絵の意味（concept）をつかむのに約 40 ミリ秒，それを言葉につなげるのに約 85 ミリ秒の合計約 275 ミリ秒かかります。大体 260 ミリ秒経過した辺りから発話のための音の処理と作文のためのスペルの処理に分かれるのですが，これが Electroencephalogram（EEG：脳波）の測定によって確認されたのです。つまり，アウトプットが口頭でも筆記でも最初の 260 ミリ秒は脳波が同じで，違いが出るのはその時点以降であることが分かりました。これはスピーキングとライティングの訓練が相互に好影響を与えるという主張の脳科学的なサポートでもあります。

まとめ 6

書　く

1. 和文英訳ではなく，課題作文。
2. 「どんどん→じっくり→どんどん」の『どじサイクル』。
3. 具体的トピックと包括的トピックをつかう。

以上で4技能の養成法のお話を終わります。どんなやり方で何をやるのか，そしてそれはなぜなのかを学んでいただいたと思いますが，それは納得ずくで勉強していただくための準備段階に過ぎません。大事なことはそんな英語学習に関する宣言的知識を身に付けることではなく，それを生かして実際に学習をすすめること，そして10年後に英語運用の手続き的知識と自動性を獲得できるように日夜自己研鑽を続けることです。勉強を続けてください。練習を続け続けてください。この本の著者がいまだにそうし続けているように。

(3) 他人の間違いから学ぶ

ところで，特に日本人の場合には，他人（＝他の日本人）の間違いから学ぶことが大変やりやすくかつ有効です。それは母語も一つなら，カリキュラムも全国で統一されているために，英語の間違いに際立った共通性があるからです。以下のサイトで学生さんの間違いと青谷本人の作文の間違いを公開していますので，勉強に役立ててください。これを読むだけでDEARの項目のいくつかが解決されると思いますよ。青谷がError Correction/Collection of Errors（つまりCollection of Errorsを教材・教訓として，自分のError Correctionを行うこと）と呼んでいる活動です。

http://aoitani.net/Essay_Corrections.html

2.7 スピードの目安：ネイティブ vs. ノンネイティブ

最後に学習者がまず目指すべき英語使用のスピードとネイティブスピーカーの典型的なスピードを毎分の単語数で提示しておきます（Tables 2, 3）。

2.7 スピードの目安：ネイティブ vs. ノンネイティブ

Table 2 学習者が目指すべき言語使用スピード

言語モード	毎分単語数	
話　す	100 以上	
読　む	黙読	250 も可能
	音読	150
書　く	10 分で 100（毎分 10）	
聞　く	150	
考える	400〜無限	

Table 3 ネイティブスピーカーの言語使用スピード

言語モード	毎分単語数
話　す	125〜200[a]
読　む	250〜300[b]
書　く	30
聞　く	125〜200[c]
考える	400〜無限

[a] ニュースキャスターなどは大体毎分 150 語ですが，学生の話し言葉等はもっと速いのが普通です。しかし，講義や講演なら，毎分 125 語が平均レベルのようです（Langan & Nadell, 1980, p. 36）。

[b] これは黙読ですが，Grainger と Ziegler は，一単語につき約 250 ミリ秒だと言っており（2011, p. 3），これだと毎分 240 単語ですが，まあ大体この範囲と考えてよさそうです。

[c] 毎分 500 語から 600 語くらいまでは聞ける（Erlendsson, n.d.; Langan & Nadell, 1980, p. 36; Wildblood, n.d.）とかディベートをやる人は毎分 350 語から 400 語をしゃべるが，普通のネイティブスピーカーはついて行けないとか（Chafets, 2006），また毎分 150 語から 160 語が一番聞きやすいとか（Williams, 1998），専門学会も含め様々な情報が飛び交っています。ここでは，平均的なスピーキングのスピードをそのまま入れておきました。

こんな話

「通じれば良い」は通じない

　英語は勉強だとか，「かくしき」を重んじて組織的・意識的・計画的・多角的・形式的な訓練を真剣に行えという青谷の主張と対蹠的な関係にあるのは，「英会話は度胸」とか「通じればそれで良い」という主張です。度胸があるのは一般論としては良いことかもしれませんし，まったく話せないほどシャイでは当然上達も望めませんので，英語教師が「度胸」を強調するのは必ずしも悪いことではないのかもしれません。しかし，度胸や社交性だけで英会話ができるはずもないのは，アメリカに何十年も住んで，何十人ものアメリカ人の友人に囲まれている人たちの多くが完全に壊れた英語を話すことから明らかです。たとえば "Thank you for teaching it to me." を "Thank you, you teach." で通したり，"Go ahead!" を "Go head!" と思ったり，少しぐらい英語がおかしくても愛想の良い楽しい人であれば移民たちのひどい英語になれっこのアメリカ人に受け入れられるのは簡単です。こういう人たちが「英会話は度胸」と主張することがよくありますが，これは当然「教養のあるネイティブスピーカーと対等に話ができる英語力」ではありません。さらに「通じれば良い」との主張も，「通じる」のレベルを考慮しなければなりません。企業が海外との大切な商談にその人を送ったり，政府機関なら外交交渉を任されたり，学会などで発表はもちろんのこと縦横無尽に質疑応答ができたり，それを「通じる」というのです。本当に「通じて」いれば問題はないのですが，たいていの場合「通じればそれで良い」と豪語する人たちの壊れた英語は，重要な場面ではほとんど使い物にならないのです。

第 III 部

言語の進化と脳科学から見た「話す・聞く」の優位性

- 3.1 ヒトとことば：言語の起源・進化
- 3.2 なぜスピーキングか？
- 3.3 話し言葉の優位性
- 3.4 スピーキングとリスニングの連携
- 3.5 音声言語知覚の運動理論
- 3.6 難しい音の聞き取りとスピーキング回路
- 3.7 スピーキングとリーディング
- 3.8 視覚情報より聴覚情報
- 3.9 難読症と音韻処理の欠陥
- 3.10 手話も話し言葉
- 3.11 ネイティブも音韻情報にたよる
- 3.12 書き言葉の話し言葉への影響
- 3.13 思考・概念と言語

第I部と第II部でリスニングとスピーキング，特にスピーキングがけん引する英語運用力の養成を詳説・力説しました。大人の英語学習を描写し，手続き的知識の涵養におけるリスニング・スピーキングの役割を説明したわけですが，第III部では進化や脳科学的知見に基づいて，「話す・聞く」の優位性の理解をさらに深化・真化・新化・進化させることを目指します。言語の進化の歴史は事実です，フィクションではありません。研究結果，特に実際の測定結果は事実です，意見ではありません。好むと好まざるにかかわらず，「話す・聞く」の優位性は客観的事実なのです。われわれ日本人は英語の4技能全般が悲惨な状況ですが，英語運用力と英語学習のインフラともいうべき聞くことと話すことが特にできません。一番大事な部分が一番できていないというこの状況に直面したとき，あなたはどうしますか？　すなおに現実を受けとめ，愚直な努力を真摯に続けますか？　それとも，全力で居直りますか？

3.1　ヒトとことば：言語の起源・進化

言語の起源ですが，そもそも言語をどう定義するかという問題があるので，明治元年のような明確な言語元年はありません。しかし，たとえば10万年前のネアンデルタール人は声道（声帯から唇および鼻腔に至る通路）が現在の新生児のようだったそうで，異論もありますが，これでは言語活動に必要な様々な音は出なかっただろうと言われています (Peterson, n.d.)。さらに，ネアンデルタールは道具の進化も非常に遅く，現在のような言語活動に必要な脳機能が無かったとの見方もあります。人類学者・生物学者として著名なスタンフォード大学の Richard G. Klein 教授は，5万年前に今のような言語が現れたと考えておられます。教授によると，その頃の人類は，すでに今とあまり変わらなかったそうです (Klein, n.d.)。言語を使うことによって複雑なコミュニケーションがよくとれたので，個々の力は弱くても他の種を圧倒できたとも言われています。声道が言語に適したL字型になったために，ヒトは哺乳類の中で一番喉を詰まらせやすくなったが，そのリスクがあっても進化はコミュニケーション力の方

を重んじたとか，おもしろい解説をしている学者もいます (Peterson, n.d.)。と にかく，高度な言語が出現する前には，次世代に何かを伝える方法は昆虫並み に DNA が中心だったのですから，言語の功績は大きいですね。

　ここでトリビアを 1 つ。スピーチ (speech) と言語 (language) の違いは何 でしょう。「言語を使ってやるのがスピーチ」と言い切ってしまいたいところで すが，進化学的には，もっとはっきりと区別しておくべきだと教えてくださっ ているのがウィーン大学の Fitch 教授。彼によると，言語とは複雑な事実・概 念・思考などを表現したり伝達したりするためのシステムで，その実態は音声 でも，身振り手振りでも，顔の表情でも，文字でも構いません。他方スピーチ は言語が表現している内容を発声と聴き取り，つまり人為的に調整された音， を通してやりとりするもので，言語のコードを運ぶための音で作られた媒体で す (Fitch, 2000, p. 258)。この定義ですと，手話が sign language と呼ばれるのが よく分かりますし，手話による意思伝達は少なくとも進化学的にはスピーチで はないことになりますね。とはいえ，手を使った情報伝達のためのジェスチャ ーと発話という一見まったく性格の違う運動が，同じ脳の領域でコントロール されることが明らかになるなど (Gentilucci & Volta, 2008)，人間にとって手話は かなり自然で合理的な言語のようです。

　実はこれらは見かけ以上に深い話でして，原始的な言語 (language) は身振 り手振り主導であり，音・声は意味を強調するための副次的な道具であったと の説があります (Rizzolatti & Craighero, 2004, p. 184)。しかし，手や体を狩など他 の目的により有効に使うために，脳の発達とともに音声が主でジェスチャーな どが従になったというのです (Peterson, n.d.)。2000 年代に入って大きな脚光を 浴びているものにミラーニューロン (mirror neurons) と呼ばれる神経細胞が ありますが，これは簡単に言ってしまうと，自分がある動作をするときに活性 化する脳の部分が，その動作を他人がするのを見たり，その動作を表す音を聞 いたり，その動作を描写する文を読んだりしたときにも活性化されるというも ので，他人のジェスチャーをまねるとか，他人の動作や発声の意味を理解した りする過程を助けるので，言語の発生や発達に関与したとも言われています (Aziz-Zadeh, Wilson, Rizzolatti, & Iacoboni, 2006; Chersi, Thill, Ziemke, & Borghi, 2010; Fischer & Zwaan, 2008; Heyes, 2011; Hickok, Houde, & Rong, 2011; Kohler, et al.,

2002; Leighton & Heyes, 2010; Ocampo & Kritikos, 2011; PHYSORG.COM, n.d.; Rizzolatti & Craighero, 2004; Théoret & Pascual-Leone, 2002)。ただし、この点については異論もあるようです (Hickok & Hauser, 2010)。

3.2　なぜスピーキングか？

　まず第一に、日本人はスピーキングがまったくできません。下表 (Table 4) を見てください。世界標準の英語の試験の1つである TOEFL (Test of English as a Foreign Language) の 2007 年度の平均スコアです。読む (Reading) 書く (Writing) 聞く (Listening) 話す (Speaking) の四つのセクションがあり、各セクション30点で計120点満点ですが、実は日本人のスピーキングのスコアは単独世界最下位の15点。これは京大生のスピーキングのスコアとまったく同じですので、もし京都大学が独立国家なら、日本と並んで世界最下位の栄誉に輝くことになります。たとえば勉強一般であれば、アメリカで京都大学に匹敵する大学の一つはプリンストン大学なのですが、その大学院合格者のセクションごとの平均点が最下段に出ています。はっきり言って日本人も京大生もできないにもほどがあるのです。ですので、日本人の場合にはとにかく無条件にスピーキング訓練をやるべしと、これが一つ目の理由です。ただし、これを最初に出しているのは、ショッキングな情報で危機感をあおり、やる気を出していただくためで、これがスピーキングに重点を置く最大の理由だからではあ

Table 4　TOEFL iBT の平均点：日本人受験者, 京大生, 全受験者, プリンストン大学大学院合格者 (留学生)

	読む	書く	聞く	話す	総合
日本人	16	18	16	15	65
京大生	23	22	19	15	78
全受験者	19	20	19	20	78
プリンストン	29	27	28	24	108

りません。実際，日本人ではなくても，すべての英語学習者がスピーキングに重点を置くべきなのです。理由を説明しましょう。

日本人は英語についていくつも勘違いをしていますが，その一つはスピーキングが高次機能だというものです。既述の如く，まったくスピーキングができない日本人ですので，スピーキングこそ英語力の頂点であると思い込んでも不思議ではありませんが，実は**スピーキングは低次機能でピラミッドの土台**です。頂点どころか原点なのです。ぼくは学生さんに，スピーキング力が英語運用力のインフラであり，読み書きの力（リーディング/ライティング）を下支えし，聞く力（リスニング）を横支えするのがスピーキングだと言っているのですが，「はじめに」で述べた納得ずくの学習を可能にするためにも，言語運用能力の基盤構造としてのスピーキングの大切さをしっかりと説明しておきましょう。

言語というと，われわれは日本語・英語・フランス語・スペイン語・中国語・イタリア語などを考えます。しかし世界の言語のデータを研究者のために集積してある Ethnologue (GPS Business Services, n.d.) によると，世界には7000近くも言語があり，人類の言語の96％は，わずか4％の人々によって話されているそうです (Allwood, 2006)。こんなに話者が少なくては，目立たないのも道理ですが，目立たないどころか，毎月2言語が消えていくとか (Crystal, 2000)，人類は次の1世紀で1000から2000語を失うとか言われています (Allwood, 2006)。そんな中，英語・中国語・スペイン語・アラビア語・マレー語・ヒンディー語・フランス語・ドイツ語・ロシア語・日本語の10言語は，母語話者の数も多くむしろ勢力を拡大するそうです (Allwood, 2006)。さて，ここに意外な事実があります。どこのデータを使うかによって，多少の違いはあるものの，たとえば www.omniglot.com のデータによると，文字のある言語は750言語しかなく，残りの6200言語には文字がないそうです (Prahallad, 2010, p. 92)。つまり，ほとんどの現代語はスピーキング（とリスニング）のみで成り立っているのです。こういう統計があるのも，先進諸国では必須のように見える読み書きが，言語という観点からは，しょせんは副次的なものだからです。

3.3 話し言葉の優位性

　書き言葉（リーディング/ライティング）に対する話し言葉（リスニング/スピーキング）の優位性について，心理学者 Alvin Meyer Liberman（May 10, 1917-January 13, 2000）は以下のような解説をしています (1992)。

① すべてのヒトのコミュニティーに話し言葉があるが，これは書き言葉にはあてはまらない。
② 人類の進化の過程で，話し言葉が先に現れた。今のような話し言葉は5万年前に現れたが，書き言葉の歴史はせいぜい数千年だ。
③ 個人の成長の過程で，話し言葉の習得が先である。文盲の人の場合のように，書き言葉は一生習得しないことすらある。
④ 話し言葉は教えられなくても身につくが，書き言葉は通常学校などで教えられなければ習得できない（青谷注：しかも，たいていは成功する話し言葉の完全な習得と異なり，書き言葉の習得には失敗することがある）。
⑤ 脳には話し言葉のみに特化した機能が備わっている。対して，脳の書き言葉への特化度は低く，他の機能と共有する部分も多い（青谷注：部位としては広範な場合もありますが，ネットワークとしては特化しています）。

　もちろん，これらはすべて，話し言葉が生物進化の過程で自然に現れたのに対して，書き言葉は半ば人工的な創造物であるという事実に由来するものです。よって，書き言葉は話し言葉を下敷きとしてしか存在しないのです。
　そういう意味で，「英語の書類を読んだり英語で email を書いたりする力だけが必要」とか，「論文を英語で読み書きすることに特化した能力を身につける」とか，そのような決定的に間違ったアプローチは絶対に避けていただきたいと思います。むしろ，聞き話すことにのみ特化した英語運用力であれば，養成は可能かもしれませんが，それでは仕事にも研究にも役に立ちませんので，結局4技能を総合的に養成するのが近道かつ唯一の道となります。

まとめ 7

話し言葉の大切さと優位性

1. 日本人の英語スピーキング力は世界最低。

2. 話し言葉は5万年前に出現。書き言葉はせいぜい数千年前。

3. 話し言葉は進化の過程で自然発生。書き言葉は半ば人工的な創造物。

4. 書き言葉は話し言葉を下敷きとしてしか存在しない。

　たとえば同じアウトプット活動であるライティングとスピーキングに共通点が大いにあるのは誰でも理解できるでしょうし，スピーキングを鍛えれば，ライティングにも大いに役立つという主張はすんなりと受け入れられると思います。また，同じインプット処理であるリスニングとリーディングに，音と文字という媒体の違いを除けば意味処理上の共通点が多いのもうなずけるでしょう。しかし，おそらくこれより分かり難いのは，スピーキングとリスニングの相関関係で，さらに理解し難いのは，スピーキングがリーディングに貢献する仕組みではないでしょうか。これらを順に見てみましょう。実は4技能はリスニングとスピーキングをコアに複雑に絡み合った巨大複合体・ネットワークを形成していて，全部を一つの図にまとめたら訳が分からないと思いますので，ここではまず発話の際のスピーキングとリスニングの連携だけを見ましょう。

3.4 スピーキングとリスニングの連携

下図（Figure 10）は"Sensorimotor Integration in Speech Processing: Computational Basis and Neural Organization"（Hickok, et al., 2011, p. 413）という論文に掲載されている図を単純化したものですが，自らのスピーキングの品質管理をどのように行っているかを示しています。実際に口から出て行く前に，すでにスピーチ（Speech）の質を検証できるところが，このシステムの特長・強みです。詳細を，しかし簡単に，見てみましょう。なお，これは第II部で出てきたLeveltのモデルの一部分に焦点を当てたものです。青谷の説明は一部上記の論文（Hickok, et al., 2011）の内容とは違いますが，それは他の文献なども参考にして，現時点での応用言語学者たちの理解を青谷なりに，しかも非常に短く，まとめたからです。

左上と右下の点線で示された長方形は，脳内での活動です。上段の「声帯・声道」（白いかど丸四角）は喉や声帯で音・声を作るための実際の筋肉活動，上段右端の「スピーチ」は物理的に口から出てくる音波です。次に下段の脳内モ

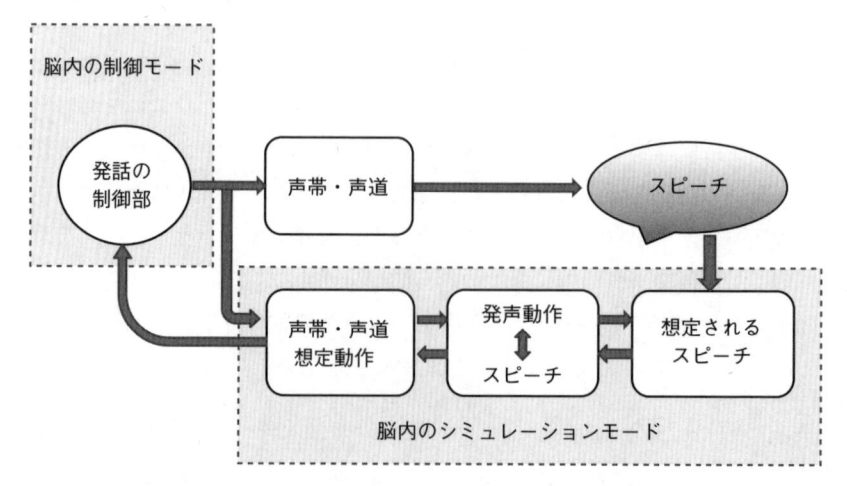

Figure 10 発話の際のスピーキングとリスニングの関わり

ードに属する三つの四角形は，シミュレーションとスピーチの品質管理のための仕組みで，「発話の制御部」から「声帯・声道」の筋肉に指令が出る前に，また出ると同時に，同じ指令が脳内のシミュレーション回路で検証されます。ポイントはこのシミュレーション回路が実際の物理的音につながる発声・発話動作とは独立に，それと並行して脳内で進行することと，実際の物理的発声メカニズムより速いことです。その動作は，

① この指令なら，こんな筋肉動作だなと予測するのが「声帯・声道想定動作」
② その動作ならこういう音だと筋肉動作を音に変換，逆にその音ならこういう筋肉動作だと音を筋肉動作に変換するのが「発声動作↔スピーチ」
③ その変換器のアウトプットが「想定されるスピーチ」

となっています。これらはすべて脳内のイベントですので，最終産物である「想定されるスピーチ」も，音波ではなく，脳の聴解システムが理解できるシグナルです。ここで実際のスピーチより先に生成される「想定されるスピーチ」が本来の意図から外れていた場合には，「発話の制御部」にフィードバックをかけて，最初の指令を修正します。これは脳内シミュレーションの方が物理的発声過程よりずっと速いからこそ可能な技で，高速内的モニター機能（a rapid internal monitoring function）などと呼ばれます。

同時に，図の上段の実際のスピーチが音波として口から出た後，それを耳から脳内の聴覚システムに取り込み，当該スピーチが実際に意図されたものであるかどうかを下段の「想定されるスピーチ」と照らし合わせて検証します。問題があれば正しいスピーチを生成する声帯・声道の動作を，下段のシミュレーション回路を右から左に遡って決定し，「発話の制御部」にフィードバックをかけて初期指令を修正して発話をやり直します。これが内的発声と物理的発声の整合性検証で，内的モニターに比べると低速ですが，重要なプロセスです。

言葉で書くと必要以上に複雑に思えてしまうかも知れませんが，以上を読んだ上で Figure 10 をもう一度見てください。とりわけ，下段の「想定されるスピーチ」は脳内の聴解システムで理解されるわけで，そういう意味で**スピーキングのためのネットワークにはリスニングのためのネットワークの機能が必要不可欠**です。

赤ちゃんが周りの人たちの言葉を聞いて話せるようになっていったり、関東出身の人が関西に住んだら関西訛りがちょっと入ったりするのも、このリスニングシステムのスピーキングへの影響の一つだと言われます (Hickok, et al., 2011, p. 408; Kappes, Baumgaertner, Peschke, & Ziegler, 2009)。

では逆に、リスニングネットワークにはスピーキングのためのネットワークの機能が必要不可欠なのでしょうか？ 諸説ありますが、リスニングのためのネットワークはスピーキングのためのネットワークに影響は受けるが、必須ではない「かも知れない」というのが最近の知見のようです (Hickok, et al., 2011, p. 409)。確かに歯切れは悪いですが、間違えるよりは歯切れが悪いほうがいいですね。**スピーキングのリスニングへの影響は不可避ですが、「たぶん通常は」リスニングにスピーキングが不可欠というわけではありません。**これは実は人類にとってはたいへん幸いなことで、これがウソなら、まだしゃべれない赤ちゃんはリスニングもまっとうにできず、よって母語が習得できないという危機的状況が生じますね。いずれにせよ、アウトプットであるスピーキングとインプットであるリスニングの間の強い相互作用は、まちがいなく存在するようです。Goswami も、子どもの脳内の音韻システムの発達には（聞くだけではなく）音を出す（しゃべる）ことを学ぶのが大変重要であるようだと述べています (Goswami, 2008, p. 68)。

3.5　音声言語知覚の運動理論

リスニングについては、一つ興味深い仮説があります。実はスピーチ (Speech) を純粋に音として捉えると、話し手間の個人差や文中の前後の音・単語によって、書き出せば同じアルファベットでも、音波としての波形は違うという状況が起こります。だからこそ音のみに頼った言語認識 (speech recognition) に基づいたディクテーションのための良いソフトウエアはなかなか出てこないのです。では、人間はどのようにこの問題を解決（すくなくとも緩和）しているのでしょうか。音声言語知覚の運動理論 (the motor theory of speech perception）では，人は音そのものではなくその裏にある話者の動作，つまりその音を出すための口周辺の運動を（視覚によってではなく聴覚を通して）検知しているのだと主張します (Alvin M. Liberman & Mattingly, 1985)。たとえば u の音だと唇をすぼめるとか，t の音だと舌が上あごに触れるとか，そういう共通の動作を認識することによって，個人差などによる波形の違いに対応しているというのです。この理論は，発話でも聴解でもスピーチの本質は音ではなく，それを作り出す体の動きや，その動きを引き起こす脳からの指令だと主張します。さすがにここまでの極論は単純化されすぎているきらいがあるのですが，1957年（筆者は3歳でした）にそのオリジナルが出てから50年以上経った今（2012年）でも検証が続いている影響力の大きい仮説です (Alvin M. Liberman, 1957; A. M. Liberman, Cooper, Shankweiler, & Studdert-Kennedy, 1967)。

3.6 難しい音の聞き取りとスピーキング回路

　最近の特筆すべき結果としては，リスニングが簡単なときにはスピーキングの回路は不要かもしれないが，難しい音や曖昧な音のリスニングには，スピーキングシステムの援助が必要だというのがあります (Tremblay & Small, 2011)。もっとも，音が難しいときにはリスニングに関与するスピーキングシステムなのに，分かりやすい音のときには完全にスイッチが切れているというのも，生物体では珍しいことなので，現在の脳科学では探知できないレベルだが，スピーキング回路は常にリスニングと協働しているとの見方も再浮上しています。長年言語の産出（話す行為）をつかさどるとされてきたブローカ野（Broca's area）が言語の理解にも関与すると分かり (Fadiga, Craighero, & D'Ausilio, 2009, p. 449)，青谷も詳細はよく知らないのですが，PMv/pIFG area (Tremblay & Small, 2011, p. 1562) とか area Spt (Hickok, et al., 2011, pp. 409-411) とか呼ばれる脳内でスピーキングとリスニングをつなげる部位も特定されつつあり，発話と聴解（言語の産出と言語の理解）の密接な関係は確立されたと言って良いでしょう。簡単な聴解には発話が必須ではないこと，にもかかわらず聴解が発話をつかさ

どる脳の領域を活性化すること，これらは幼児の言語能力の獲得過程ともまったく矛盾しないということを最後に確認しておきましょう。

　ところで，たとえば日本人は母音（a, i, u, e, o）や子音＋母音（ka, shi, tsu, no など）は得意でも，母音を伴わない独立した子音が苦手ですし，とりわけ try のように子音が連続すると困りますね。どうしてもよけいな母音が間に入って to-ra-i のようになってしまいます。日本語には独立した子音はせいぜい「ん」くらいしかないので，これは日本人に特有な現象だと思っていませんか？実は，独立した子音の本家のはずのアメリカ人も子音の連続は苦手なのです。大人は発話でも聴解でも連続して子音が出てくると，その難しさにほぼ比例して脳の該当部位の活性が高まりますし（Tremblay & Small, 2011），赤ちゃんは子音，特に性格の違う子音，が連続して出てくる言葉の習得により時間がかかります（McLeod, van Doorn, & Reed, 2001）。日本人にとってはちょっと安心する結果ですね。本当は安心していてはいけないのでしょうが。

3.7　スピーキングとリーディング

　スピーキングとリーディングというタイトルにしましたが，前節で説明したように，スピーキングとリスニングの間にはたいへん密接な関係があり，話し言葉をスピーキングとリスニングに分離することは実はできません。それをふまえて，本節では話し言葉（音声を介しての言葉の認識・使用）とリーディングの関係を見てみましょう。人間の長期記憶には数多くの単語の情報を蓄積した辞書があり，紙の辞書や電子辞書のように意味・発音・品詞・慣用句などが単語ごとに格納されています。また，特に英語のように表音文字を使う言語では，単語単位ではなく，文字や文字群単位の音を記したデータベースもあると考えられています。

　リーディング（読解）が成立するためには，書かれた単語を見て脳内辞書の該当箇所にアクセスしなければならないのですが，その際に印刷された文字や単語から直接意味にアクセスする直結ルート（the direct route）と，一旦文

字・単語を音に変換してから，その音を手がかりに意味にアクセスする表記・発音変換ルート (the phonological route) の二つのパイプラインがあります。これまでの様々な研究の蓄積で，音を介して意味にアクセスする表記・発音変換ルート（音韻ルートとも）の介在は確立されつつありますので，直結ルート（視覚ルートとも）のみでの読解はないようです (Newman & Joanisse, 2011, p. 250)。他方，アルファベット1文字やランダムに連なったアルファベット（たとえば，p, t, kt, sch など）の発音が困難な音韻性失読症 (phonological dyslexia) の人たちが，"serherdd" のような意味のない文字群ではなく "shredder" のような実在する単語であれば読めることから，表記・発音変換ルートのみでリーディングがなされるわけでもないと考えられます (Frost, 1998, p. 93)。そういう意味で，直結ルート (direct route) と表記・発音変換ルート (phonological route) の二つのパイプラインを想定する二重経路モデル (the dual-route model) (Coltheart, 1978; Coltheart, Curtis, Atkins, & Haller, 1993; Coltheart & Rastle, 1994; Coltheart, Rastle, Perry, Langdon, & Ziegler, 2001; Grainger & Ziegler, 2011; Newman & Connolly, 2004, p. 94) や，同じように両ルートを勘案するトライアングルモデル (triangle model) (Harm & Seidenberg, 2004) が「読む」という人間の活動をよくとらえていると言えます。しかし，表記・発音変換ルートと直結ルートがどのような割り合いで，どのように協働して単語の意味の理解が起こるのかは，まだよく分かっていません。なお，トライアングルモデルについては，ここでは割愛します。興味のある方・気になる方は上記の文献にあたってみてください。

3.8 視覚情報より聴覚情報

　単語レベルの音読の研究が盛んです。まだ長い文は読めない小学校入学前後の子どもの読む力の習得過程や，難読症の人たちの読む力でも調べやすいのが理由の一つかもしれません。ここではそういう子どもの，単語を声に出して読む力の習得を検証しましょう。前節で紹介したように，視覚的にとらえた文字

から脳内でその属性としての音を導くことによって単語を同定する表記・発音変換経路（the phonological route/the grapheme-phoneme conversion route）(Knight, n.d.)と直結経路（the direct route）の二重経路モデル（the dual-route model）が，単語の音読ではないもっと一般的な読む力の背景にあるのではないかと考えられています。しかし，子どもの単語レベルの音読力に関しては，脳科学は直結的経路の重要性を必ずしも支持しません(Goswami, 2008, p. 68)。もっとも，表記・発音変換経路も，一つ一つの文字を目がとらえるや否や，文字単位で矢継ぎ早に音に変換するのではなく，目から取り入れた文字群としての単語やその一部分を脳内の言語システムに照らし合わせ，その結果発音が分かるらしいのです。"Enough"のように変則的な発音の単語では，部分ごとの音への変換はうまくできませんので，文字レベルを超えた文字群や単語レベルでの変換（英語ではlarge grain size〔つまり大粒〕の変換と言います）をVWFA（the Visual Word Form Area）という領域で行うと考えられています(Goswami, 2008, p. 72; Goswami & Ziegler, 2006, p. 452)。いずれにせよ，ここでは，視覚情報をそのまま使用するモードは主流ではないようです。

　「百聞は一見に如かず」という言葉があるように，人間の視覚の力は聴覚を圧倒するのが一般的[1]ですので，文字という視覚情報がすでにあっても，わざわざそれを聴覚情報に変えようとするところに，言語の強い特殊性が現れています。しかし，目で見るジェスチャーから声へと移行したヒトの言語の進化の歴史を考えれば，その特殊性はむしろ当然なのかも知れません。実は表意文字しかない中国語でも，単語の音読には英語と同じ音声をつかさどる脳の領域が関わっていることが分かっています(J. C. Ziegler, 2006)。英語のアルファベットは一つ一つがそのまま音を表すからというような，表層的な理由で表記・発音変換経路が働くのではないことが，この事実からよく分かります。何れにせよ，インプットそのものが書き言葉でも，脳内で即座に音が関与してくるという事実，単語という概念的には扱いやすいであろう単位があっても，往々にして文

1）大人はそうかもしれませんが，生まれる前から聴覚情報には敏感な赤ちゃんも出生直後にはほとんど視覚が働かず，光への感度も成人の$\frac{1}{50}$です。よって，原始的なレベルでの生物としての発達という観点からは，聴覚が優位とも言えます。さらに，視覚情報は必ず大脳を介して処理されるが，聴覚情報には運動や自動化・無意識化を支える小脳への直結ルートも存在すると言われ，両者の関係はそれほど明確ではありません。

字や文字群レベルでもう音に変換する人間の脳。ここでもやはり，書き言葉に比して話し言葉の優位性は明確です。ところで，文を読む場合には，読む力が向上してくると，音への変換が上述の VWFA の働きで「大粒」化し，単語レベルや連語（chunks）レベルでの変換が可能になり流暢さが向上します。しかし，この大きな塊の変換も，連続的に脳内で行われる音への変換だと考えられています (Goswami, 2008, p. 72)。

単語の塊が出てきたところで，もっと大きな塊である文を読む話をしましょう。普通の大人が「読む」と言えば黙読ですので，今回は文章の意味を取りながらの黙読の話です。Event Related Potential（ERP：事象関連電位）と呼ばれる脳の活動の測定法があるのですが，これを使った大人の黙読の研究で，単語を脳内で音として表象することが文脈の中でのその単語の適切な理解に繋がることが明らかになりました (Newman & Connolly, 2004)。同じく最近の ERP を使った研究で，どうも人間は黙読中でも頭の中では「静かに音読」をしているらしいことが分かりました (N. Savill, Lindell, Booth, West, & Thierry, 2011)。独立した単語の音読の場合と同じく，単語の意味にアクセスする前に，まず第一段階としてその発音を脳内でイメージしているのです。聞いたり話したりは支障なくできる小学生が読むことを学ぶためには，このように文字をスムーズに音に変換することによって書き言葉を話し言葉に変換することが肝要なのですが，この脳内での音への変換動作は，大人になっても続くのですね。

3.9　難読症と音韻処理の欠陥

読むことと音の回路との密接な関係を反映しているのでしょうか，言語や使用文字の如何にかかわらず，難読症（dyslexia）の根底にある生物学・生理学的要因はことばの音としての属性を処理する力の欠如（weaknesses in the ability to process the phonological features of language）だという幅広い支持を得ている説があります (Paulesu, et al., 2001, p. 2167; J. C. Ziegler, 2006)。音の回路の欠陥が難読症を引き起こす原因だという決定的な証拠は見つかっていな

いようですし，ある程度は視覚的に文字を認識する力の関与もあるようですが (Menghini, Finzi, Carlesimo, & Vicari, 2011; N. J. Savill & Thierry, 2011)，難読症と音の処理力の欠如の間に強い連関があるという部分では，学者たちの意見は一致しているようです。音が介在してくれなければ黙読すらできない，というよりは，脳内での"音読"活動も含めた「本当の意味での黙読はない」というのが真実のようです。ぼくは新聞記事などを読んでいるときに，意味は分かっても読み方・発音が分からない言葉に出会うと一瞬ですが，黙読の流れがとまります。アメリカ人が英語を黙読するときにも，まったく同じ現象が起こるそうです。英語にはスペリングと発音の間にひらがなのような1対1対応がありませんので，よけいにそうです。意味など最初からないかもしれない人名でもその発音が気になるそうで，印刷された文字を視覚の対象物としてのみとらえることが不可能なのは，ここでも明らかです。

3.10　手話も話し言葉

さて，次に生まれつき音のない世界に住んでいる人たち，つまり耳の不自由な人たちの話をしましょう。これがなかなか興味深いのです。手話は当然視覚に訴えるものですが，手話によるインプットを理解するのはリーディングとリスニングのどちらに近いでしょうか？　読者の皆さんは，耳が不自由な人たちにはいわゆる音はないので，当然かれらには聴覚をあつかう音韻学 (phonology：小さな意味のない音の単位が組み合わされて，単語などを形成し意味を生成する過程を解析する学問) は無関係だと考えられると思います。実はぼく自身もそのように思い込んでいました。ところが，応用言語学における phonology には，視覚なども含めたより一般的な定義があり，それは「小さな意味のない言葉の単位が組み合わされて，単語などを形成し意味を生成する過程を解析する学問」というもので，手話の場合には手の形，動き，位置などが単位となります (MacSweeney, Waters, Brammer, Woll, & Goswami, 2008, p. 1369)。で，手話の際のインプットの理解ですが，少なくとも手の位置の類似性を見分

ける行動などでは，健常者が音・声の類似性を聞き分ける際に使用する音の回路とよく似た脳の領域が使われていると分かりました (MacSweeney, et al., 2008)。つまり，手の位置を phonology としてあつかうのにはちゃんとした理由があったわけで，手話のインプット理解はリーディングではなくリスニングだったのです。

　強い興味をもって読んでもらえると思いますので，もう少し手話の話をします。手話は言語です。しかも書き言葉のような言語ではなく，話し言葉のような，もっと脳のコアに浸透している言語です。インプットが視覚を通して行われるのに，手話を理解するのがリーディングではなく健常者のリスニングにあたるという上の結果はその片鱗に過ぎません。両親ともに耳が不自由な場合には，生まれた直後から手話にさらされることになりますが，両親が健常者の場合には，手話を学ぶのがずっと後になることがあります。この場合，前者は手話のネイティブスピーカーですが，後者はノンネイティブで，手話を理解するときの脳の働きも健常者が英語を聞くときのそれとは違ってきます。たとえば，グー・チョキ・パーを見分けるような作業であれば，年齢に関係なく視力だけが問題で，これにはネイティブ・ノンネイティブの区別は認められませんので，やはり生後すぐに習得を始めなければネイティブになれない手話は言語だというのが，これでよく分かります。耳が不自由な人でも，あるいは耳が不自由であればよけいに，印刷された文字が読めた方が良いわけですので，リーディングを教えることによって英語という言葉を耳が不自由な赤ちゃんに教えれば，一石二鳥のような気がするのですが，これは成功しません。健常者なら耳で聞いたりしゃべったりし，耳が不自由なら手話を使って言語への導入をまずやってからリーディングなどに進めば（つまり順序を逆にすれば）成功する幼児の第一言語の習得が，印刷された文字を媒体として行おうとすると成功しないのです (Goldin-Meadow & Mayberry, 2001)。やはり話し言葉，またそれと同等の位置にある手話は，ヒトにとって一番自然なことばであるようです。ジェスチャーから始まって声へと進化したとされる人類の言語の歴史を考えると，手話と音声を媒体とする言葉が，脳の活性部位も含めて同等であるのもうなずけます。

3.11 ネイティブも音韻情報にたよる

　青谷はノンネイティブスピーカーですから，今でも英作文は「これでもか！」というほど間違えます。

　　http://aoitani.net/Essay-Corrections/Masayasu_AOTANI.doc

　そこでしょっちゅうアメリカ人に見てもらうのですが，さすがに45年間学び続けた英語ですので，すべてが明らかな間違いというほどひどくはなく，ネイティブも迷う微妙なものも多々あります。そして，そういう微妙な間違いに出会うたびに，ネイティブスピーカーが口に出してぶつぶつ言ってみるのに気付きます。繰り返しになりますが，ヒトの言語は話し言葉が主ですから，難しい判断になると自然に音に出して確かめてしまうのでしょう。青谷自身，日本語の文章を推敲するときには，無意識の内に口に出すことが非常に多いのですが，これも話し言葉主導のヒト科の本能の為せるわざだと考えて良いのではないでしょうか。人間というと *Homo sapiens*（"wise man" "knowing man"）があまりにもよく知られていますが，実は *Homo loquens*（"talking man"）という言い方もあります。Writing man でも Reading man でもなく，やっぱり "Talking man" なんですねぇ[2]。

　以上，言語の本質は音であって，話し言葉こそが「ザ・ことば」であるという真実を近代科学と言語学の知見に基づいて説明しました。研究の最前線は常に形を変え進化を続けていますが，何十年も前から Liberman（1992）などが主張し続けてきた事実，話し言葉が人間の本能であって，書き言葉は「後天的」であるとの見解は，間違い無く確立されていると思います。これだけ説明されても分からないとすると，それはきっと皆さんがぼくの説明を「読んだ」から

　2）ところで，余計なつけたしですが，Wikipediaを見てみると，*Homo necans* "killing man"（殺し屋），*Homo demens* "mad man"（狂気），*Homo inermis* "helpless man"（無力：ここでは動物のような鋭い勘など野生の能力を失ったことを指すようです），*Homo patiens* "suffering man"（苦悩），*Homo mendax* "lying man"（ウソつき），*Homo sanguinis* "bloody man"（流血）とブラックユーモア的なパロディが次々出てきます（Wikipedia contributors, n.d.-d）。

だと思います。ぜひ講演などに来て，同じ説明を「聞いて」ください。魂に浸透するように。なお，大学の教員である間は，講演はすべて無料です（ぼくの手元には1円も入りませんが，自治体などが場所代や人件費の確保のために500円レベルの入場料を課したことはあります。受講料が何千円，時には何万円の週末セミナーとかそういうのはないという意味です）。

3.12 書き言葉の話し言葉への影響

　話し言葉の自然性・自動性・優位性を強調し続けてきました。なぜなら，それはもっと広く認識されるべき真実であり，それが，またそれだけが，納得ずくの実効ある計画的学習を可能にするからです。しかしながら，読み書きに堪能になった場合に，書き言葉が「まったく」話し言葉に影響しないのかというと，そういうわけではありません。書き言葉の話し言葉への影響を示す結果もちゃんとあり，スペルと発音の対応を十分に学んだ後には，聴覚情報としての音と視覚情報としての文字の間に高速で自動的なパイプラインが確立され，総合的・相補的な言語処理ネットワークができるとされています（Rastle, McCormick, Bayliss, & Davis, 2011, August 8; J. Ziegler & Ferrand, 1998）。4技能の総合的養成を図るべきであるのもこれが理由ですが，にもかかわらず，やはり話し言葉こそが「ザ・ことば」であって，書き言葉はたいへん便利ですがしょせんは後付けのツールに過ぎないという事実は変わりません。言葉は折り紙です。素手（聴・話）なら子どもでも上手にできる折り紙でも，マジックハンド（読・書）で間接的にやるのは，かなり難しいですね。とにかく，「素手で簡単にできるはずの部分，また本来素手でやるべき部分はちゃんと素手でやりましょう，手が満足に使えないのに道具なんか使えませんよ」というのが，この本のメインテーマです。

まとめ 8

言語活動のインフラとしての「聞く」「話す」

1. スピーキングにはリスニング機能が不可欠。
2. リスニングはスピーキング機能を要求しないが，その影響は受ける。
3. リーディングにも，脳内での表記→発音変換が介在する。
4. リスニングではなくリーディングを通した第一言語習得はできない。

3.13　思考・概念と言語

こういう疑問を感じたことはありませんか。

① 言語が主導的に思考・概念を形成するのか。
② 思考・概念を言語はどこまで表現できるのか。
③ 思考・概念と言語の関係は結局何か。

答えは，

① 言語が思考・概念を形成するわけではないが，影響を与えたり，組織的フレームワークを与えたりすることがある。
② 言語は思考・概念を一応表現はするが，内容は文字通り「言葉足らず」に終わるし，言語は思考のスピードに追いつかない。
③ 言語と思考・概念は互いに影響を与え合うが，別個である。

となります。より詳しく見てみましょう。

● **熟考に言語は必須**

　まず①，思考・概念の中には感覚・感情との境界に存在するものがあります。たとえば，「ヤバイ！」という直感は，聴覚や視覚のような純粋な知覚とも言えるし，いわゆる本能や第六感とも見なせるし，考えた上での即断なのかも知れませんが，いずれにせよ，けっして「ヤバイ」というそれにあてはまる言葉があるからそう思うわけではありません。それどころか，このレベルの脳の活動なら，言語にはほど遠い昆虫でも可能かも知れません。青谷は昆虫少年の成れの果ての昆虫老年ですが，鳴いているキリギリス（この本のカバーの細密画）を捕ろうと思ったら，そちらを直視しないことがとても大切で，見られたら「ヤバイ！」と思うのではないかと，常々感じています。ちなみに，キリギリスなどの草原の昆虫を採集する最も効率の良い方法は，汚れても良い格好をして，草むらに入って草を踏み倒して歩き回りながら飛び出して逃げる虫を見張ることで，これだと鳴く虫のメスも容易に採れます。まあ，それはそれとして，言語習得以前の赤ん坊や，少なくとも人間のような複雑な言語体系は持たないチンパンジーでも思考，それもかなり複雑な思考，ができると認めるに十分な理由があり (Call & Tomasello, 2008; Cromie, 2004; Goldin-Meadow, 2003; Schmelz, Call, & Tomasello, 2011)，言語が思考を形成するとは明らかに言い過ぎです。その反面，発達していればいるほど言語が思考を助ける (Gleitman & Papafragou, 2005, p. 636) のも事実であり，特にゆっくりと考えを練るような場合には，人は言語を介して考えるので，言語が思考に影響を与え，組織的フレームワークを与えるという主張にも十分な根拠があります。そういう風にじっくりと考えているときには，思考・思索は脳内での発話また自分との脳内会話であり，確かに言語が関わっています (Fritz, n.d.)。

● **言語は「言葉足らず」**

　言語が思考・概念の必須ツールではないのには，さらに二つの理由があります。「思考は豊かだが言語は貧しい」が一つ目の理由，「思考のスピードに言語は追いつかない」が2番目の理由です。以下が

② 言語は思考・概念を一応表現はするが，内容は文字通り「言葉足らず」に終わるし，言語は思考のスピードに追いつかない。

の説明になります。

豊かな思考と貧しい言語　GleitmanとPapafragouの例 (Gleitman & Papafragou, 2005, p. 636) をちょっと修飾した青谷バージョンで説明します。"It is raining heavily here." という単純な文を考えてください。"It is raining" までは良いとしても，"heavily（激しく）" と "here（ここでは）" は問題です。「激しく」とは，個人の基準で激しいのでしょうか，その地域の普段の降雨状況に照らしてでしょうか，野球をするには激しく降り過ぎでしょうか，さっきより激しくなったからこう言ったのでしょうか。「ここでは」とは，どこでしょう。家の庭でしょうか，ゲリラ豪雨のようにピンポイントでその場所周辺のみでしょうか，自分の都道府県でしょうか，日本でしょうか，アジアでしょうか，屁理屈を言えば地球でしょうか，銀河系でしょうか。こういう詳細情報は，"It is raining heavily here." という英語にはまったく入っていませんが，それをいうときの話者の頭にはそういう情報はもちろんあるはずだし，聞き手も文脈や状況から言外の情報も容易に得ることができるのが普通です。つまり，思考は言語よりはるかに豊かであって，言語は思考よりはるかに貧しいのです。実際，話者が意図するところを細大もらさず言葉で表そうとしたら，一つの文の意味を明確にするだけで，典型的な本の1章位にはなり，きっとそれでも足りないだろうと僕は思っています。「そもそも僕の幼い頃からの雨関連の経験は……その後このような事件もあり……さらに大学でこう言うことを学び……それに加えて普段から僕の典型的な言葉づかいはこうで……以上のような人生経験や個人の言語的な癖や現在の状況に加え，雨天時の頭痛などの持病もあり，その結果このレベルの雨はぼくにとっては『激しい』のです」と連綿と説明のことばを並べても，頭の中にあるすべてが出るとは当然思えないでしょう？　思えません！

これに関連して思考のスピードの問題があります。

速い思考と遅い言語　単語ごとに注意を払いながら行う4種類の言語活動，つまり読む・書く・聞く・話す，の中で一番スピードの出るのが黙読で，熟練

者は毎分 250 から 300 語のスピードで読むとされています (Nation, 2009b, p. 62)。「単語ごとに注意を払いながら」と書いたのは，斜め読み・拾い読みなどは除外しているからです。これに対して，思考のスピードを無理矢理単語数に換算すると，毎分 400 から 1000 語という見積もりが出てきます (AdultStudent.com, n.d.; Baylor University: Academic Support Program, n.d.; The Army Institute for Professional Development, n.d.; Wong, 2005, p. 284)。ただし，思考は言語のみに頼って行われるわけではありませんので，言語が強く関わる基本的にはリニアな部分以外に，チェスのチャンピオンが瞬時に全体を見て次の一手のための形勢判断をする場合のような，より感覚的な側面もあり，こういうものを含めると毎分何千語なのか何万語なのか検討すら付きません。いずれにせよ，思考の際の処理能力を考えるだけでも，常に言語によって思考を形成するのは不可能だというのが分かります。ちなみに，講義の途中で心があらぬ方へ飛んで行ったりするのは，毎分 100 から 125 語と言われる典型的な講義のスピードでは (Wong, 2005, p. 284)，それを処理する思考に余裕があり過ぎるからだそうです (Baylor University: Academic Support Program, n.d.)。では，そういう状況で集中力を高めるにはどうするか？　答えはノート取りです。書くのはせいぜい 1 分間に 30 単語で (Wong, 2005, p. 284)，必然的に講義を要約しないとノートが取れませんので，集中せざるを得ないからです。ところで，このノート取りとそのスピードですが，アメリカの大学の学部生を対象としたある調査では (Peverly, et al., 2007)，テストのスコアを説明する唯一の統計的に有意な要因がノートの質であり，質に貢献する最大の要因は単純に書く速さだと分かるなど，学業において大変重要な役割を果たしているようです。妄想や居眠りを止めるだけではないのですね。

　現在の思考・概念とそれを表す言葉の関係は，「まず，言葉と原則的には独立した思考・概念が川の源流のように脳内に湧き出て，それが下流に進むにつれて少しずつ言語化され，最後に河口で自然言語となる」というもので，話し言葉であれば，さらに声帯や舌や唇の筋肉の動かし方という指令群に変換されて発話となります (Dell, 1995; Levelt, 1989; Levelt, Roelofs, & Meyer, 1999, p. 3)。ただ，普通の川と違うのは，河口より源流の方がはるかに大きいことで，火口湖やダム湖のような豊かな水量を誇る源流が，言語化の過程でやせ細りながら河

口に到達し，思考・概念のほんの一部分だけが言語として海に流れ出ていることです。

● 影響しあう言語と思考

最後に

③ 言語と思考・概念は互いに影響を与え合うが，別個である。

について説明しましょう。まず，既述の如く思考・概念と言語が同一ではありえないのは明らかであり，言語を持たない赤ん坊などでも複雑な理解や思考ができると分かっていることからも後半の「別個である」は確立された事実と申し上げて良いでしょう。問題は前半の「互いに影響を与え合う」の部分です。

言語構造をきめる思考・概念の形態　実は言語能力のない赤ん坊も事物と事象（人や物や生き物と出来事），行為者と被行為者（誰・何が誰・何に何をする），意図や目的といった概念的フレームワークで直感的・本能的に自分の周りの世界を理解しています (C. Fisher & Gleitman, 2002, pp. 462-464)。言語以前から存在するこの理解の形態が，主語と述語，能動態・受動態や目的語，不定詞などの副詞的用法といった多くの言語に共通の構文を生み出していると言われているのです。

実例で説明しましょう。「犬が走る」のように，生き物の主語とその動作を表す動詞という典型的な状況描写法はヒトの言語に共通らしいのですが，その起源は未発達な赤ちゃんの脳の情報処理にあると言われています。たとえば言語はおろか自分をとりまく世界の様子すらまったく知らない赤ん坊がカンガルーが跳ねているのを見ると，視覚的にはそのシーン全体が一体化した一つの総合的情報にすぎないのに，そして「カンガルー」なるものが地球上に存在することも知らないのに，「カンガルー」が「跳ねる」という二つの情報に脳内で自動的に分解して理解し，たとえば「跳ねるもの」が今日は「カンガルー」で次回は「ウサギ」という様な，運動学的分類ならともかく，言語としては不自然な分類・分解にはけっしてならないそうです (Gleitman & Papafragou, 2005, p. 654)。われわれは言語使用のプロである大人で，カンガルーももちろん知っていますので，「カンガルーが跳ねているシーン」と言葉で表現した時点で，自動的・強

制的にそういう理解になります。ですので,「赤ん坊にとっては全体が一体化した一つの総合的視覚情報にすぎない」と言われてもまったくピンと来ないかと思います。ちょっと極論ですが,この状況とベクトルの方向が似ているのは大人が抽象画を見た場合だと言ったら分かって頂けるのではないでしょうか。一つの抽象画を見て,大人たちが全員同じパーツに絵を分解し,同じ解釈・描写に到達したとしたら,おそるべき偶然ですが,ちょっとこれに似たことが赤ちゃん達の脳には可能であるようで,この人類に共通した部分がヒトの言語の類似性に貢献していると考えられています。

　手話の話を幾度か出しましたが,こんな研究結果もあります。両親が健常者である場合,聴覚障害のあるこどもは手話を教えてもらえない場合が多々あります。そういう場合にはごく自然に"homesign"という独自のジェスチャーベースの言語を開発するのですが (Goldin-Meadow, 2000),個々のジェスチャーは違っても,品詞などその言語の構成要素や文の構造が健常者の自然言語（英語,アラビア語,ヒンディー語など,世界のあらゆる言語）と同じであることが分かっています。音声に基づく言語でも手話でも,同じ構造になることは,思考・概念をつかさどる脳の働きが根源的な部分で人類に共通であり,それがヒトの自然言語の類似性として現れているからだとされています。もっとも,聴覚障害者の場合のように,自分の周囲で使われる音声言語にアクセスできない場合の独自の言語構築には限界もあって,たとえば大きな数の表現などは独自言語であるhomesignでは正確にできないことが分かっています (Spaepen, Coppola, Spelke, Carey, & Goldin-Meadow, 2011)。グプタ王朝時代のインドで6世紀頃に「発見」され,9世紀頃までにはゆっくりと数としての地位を確立したと言われる0（ゼロ）のように (Online Etymology Dictionary, n.d.; Wikipedia contributors, n.d.-a),大きな数も人間の本能の範疇には入らず,何世紀にもわたって熟成されてきた人類文化の知的・人工的産物なのでしょうね。ちなみに,ここで言う大きな数とは時には4以上の数ですので,人間の生来の明示的数値認識力・処理力は本当に限られたものであるようです。同じような現象は,「1,2, たくさん」と3以上は正確に表現できないブラジルのPirahã（ピラハン）という言語を母語とする部族でも見られます (Biever, 2004)。

　以上のように,思考・概念の形態が,言語の構造的フレームワークに影響を

与えていると考える理由は数多く存在します。

思考に影響をあたえる言語　その反面，言語の思考・概念への影響・介在も明らかです。じっくりと考えを練るとき，難しい概念を試行錯誤を重ねながら構築したり検証したりするとき，頭の中で起こるのは自分との会話であり，言語の介在なしで難しい考えをまとめることは至難の業でしょう。小さい子どもが複雑な思考が苦手なのは，人生経験のなさや脳が未発達であることに加えて，語彙や表現の貧しさも大きな理由であろうとは想像に難くありません。インスピレーションが一番だと言われる数学でも，言語に頼らずにできるとは青谷には考え難いのです。もっとも，それは青谷が馬鹿だからであって，もっと優秀な数学者はちゃんとできるのだと言われれば，返す言葉もないのですが。実際，真偽の程は定かではないものの，理論物理学者でありながら数学における最高の栄誉の一つとされるフィールズ賞を取られた元プリンストン大学教授で現プリンストン高等研究所教授の Edward Witten 先生は，台所でペンも使わず本能のみに頼って構想を練り続け，証明も全部頭の中で完成させてから，おもむろにその内容を論文に書き表すと聞いたことがあります。余談ですが，楯の会事件の罪・是非はともかく，文学に関しては日本が世界に誇る鬼才であった故三島由紀夫は，下書きをほとんどせず，原則として第一稿が最終稿だったと，サンフランシスコのジャパンタウンでの Donald Keene 先生の講演で聞いたことがあります。こういう天才達はともかく，普通は考えを練る過程では行ったり来たり蛇行したり試行錯誤があったりするはずですから，脳内での自分との会話は必須でしょう。青谷のように独り言を言いながら考えを纏める人が多いことも，この事実の一つの現れなのかも知れません。

Sapir-Whorf の極端な仮説　ところで，現在では極端すぎると考えられていますが，言語の構造（文法や語彙）が思考の過程を限定し組織化すると主張したものに有名な Sapir-Whorf Hypothesis があります (Whorf & Carroll, 1964, p. 214)。他にも "The limits of my language mean the limits of my world."（言語の限界が世界の限界を意味する）[3] と言ったオーストリアの哲学者 Wittgenstein (Ludwig Josef Johann Wittgenstein) など (2010, pp. 74, 144)，

3）　オリジナルは "Die Grenzen meiner Sprache bedeuten die Grenzen meiner Welt." で，"Tractatus Logico-Philosophicus"（論理哲学論考）という本に書かれた命題の一つです。

言語が思考を強くコントロールするという考えを持った人は歴史的にも何人もいたようですが，今は必ずしも主流ではありません。Wittgenstein 自身も Bertrand Russell の影響を強く受けて書いたと言われる"Tractatus Logico-Philosophicus"（Logical-Philosophical Treatise：論理哲学論考）の内容と矛盾し，その多くを否定する"Philosophische Untersuchungen"（Philosophical Investigations：哲学探究）(Wittgenstein & Anscombe, 1991) という本を後年出版していますので，最終的には言語が思考を決定的に制御するという考えからは離れたようです。かの有名な Chomsky もこの考えには否定的でした (Alford, n.d.)。最後に，言語が人間の思考を決定することはないとしても，それなりの発達をして思考や伝達をより容易にすることは常にあります。有名な例はノルウェー・フィンランド・スウェーデン北部・ロシアの一部に住むサーミ (Saami. Sami とも) 族で，生活上の必要性から，サーミ語には驚くべき数のトナカイ・地形・雪・氷を表す言葉（主に名詞と形容詞）があります (Magga, 2006)。トナカイなら，性別・年齢・体形・頭の形・角・脚を区別するおびただしい数の単語がありますし，雪や雪のある景色を表す言葉は 300 種類ほどもあるそうです (McCarthy & Martello, 2006, p. 973)。これは，円滑な重要情報の描写と伝達のために学術用語や法律用語が存在するのと基本的に同じです。

以上をふまえ，情報量をボックスの大きさに反映して Levelt の発話過程を極度に単純化すると Figure 11 のようになるでしょう。

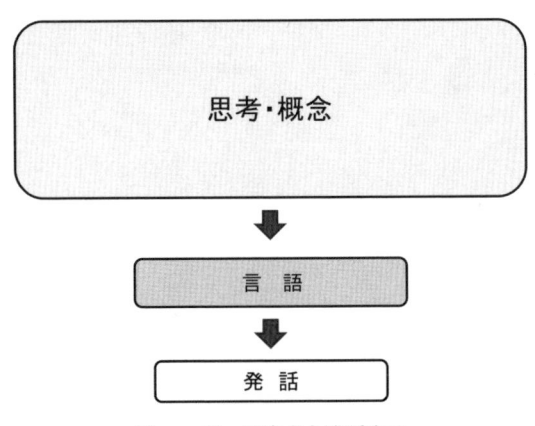

Figure 11 思考から発話まで

ポイントは思考・概念が図の様に言語よりはるかに内容が豊かであることと，母語であればFigure 11で二つの矢印で表される過程があっと言う間に自動的に進行し，減速することすらできないことです。この幼稚園児が書いたような絵に肉付けをし，しかし原理的にはこのシンプルな絵にしたがってスピーキングの練習法を詳説したのが第II部のスピーキングのセクションでした。

まとめ 9

思考と言語

1. 豊かな思考を言語は表しきれない。

2. 思考のスピードに言語はついていけない。

3. 思考と言語は影響を与え合うが，同一ではない。

おわりに

　最近ではクイズ王の異名を持つ吉本興業所属の芸人宇治原史規は，携帯電話を使う前にマニュアルを全部読まないと気がすまないそうです[1]。そこまで神経質になる必要はないのかも知れませんが，マニュアルをしっかり読むと使い慣れた機器でも幾多の新しい発見があるのが普通です。そのお陰で手探りで使っていたときにはまったく知らなかった新しい機能に気づいたり，内蔵機能の存在理由が分かってより効果的で効率的な利用が可能になったりするのは，珍しいことではありません。さらに，ほとんどマニュアルを読まない人でも，何か特定の機能が必要になったらマニュアルの索引やヘルプセクションから該当項目を探そうとするはずです。

　実は本書は英語学習者・教育者のための網羅的なマニュアルという位置付けも強く意識して書いています。納得ずくで学習していただくために，携帯電話の使用マニュアルとは順序が逆ですが，各機能の描写にあたる部分が第Ⅱ部に出てくる様々な学習法・訓練法の紹介で，そういう訓練が何のために行われなぜ有効なのか説明してある第Ⅰ部がそれらの機能の存在理由への言及になります。スマホ全盛の携帯電話では各個人の好みに合わせてカスタマイズするのが大流行ですが，英語学習では各人の好みや適性に訓練法をマッチさせるのが，効果と効率を実現するうえでの必須要件で，第Ⅰ部と第Ⅱ部がそのカスタマイゼーションに必要な知識とツールを提供します。

　では，第Ⅲ部は何でしょうか？　携帯電話のパラダイムで説明を続けるとすると，実は第Ⅲ部は宣伝です。お父さんも上戸彩ちゃんも出てきませんが，第Ⅲ部の目的は「この製品（青谷の方法論）は本当に良いんですよ。これこのとおり」と皆さんの購買意欲[2]を高めることです。しかもこの製品は手に入れるのもただなら使用もただ。いつでも何でも誰とでも話し放題です。この本

　1）「さんまのまんま」という関西テレビ制作の番組（フジテレビ系列で全国放送）で宇治原本人がこう言っています。

が提唱するスピーキングがけん引する学習法はこれまでの典型的な日本の英語教育とは定量的にも定性的にも著しく違います。しかし，この方向性はおびただしい数の第二言語習得研究者の数十年にわたる観察・研究・検証の成果の結晶です。多数の研究結果であって一個人の主観・意見・経験ではないこと，よって高いレベルの必然性を持ったやり方であること，この点をさらに強調するために第III部が存在します。野球で言うなら第I部，第II部，第III部はそれぞれ，先制，中押し，ダメ押し[3]のつもりです。

　英語運用力の養成は簡単ではないし，短期間でできるわけでもありません。英語力が完成することがないというのも最初から分かっています。しかしその反面，基礎的な言語能力は，たとえそれが外国語でも，常人には達成不可能な超能力ではけっしてありません。それどころか，練習さえすれば必ず乗れる自転車のように，根気強い継続的努力さえあれば英語運用力は必然の結果としてついてくるのです。成功は必然なのに，なぜ途中で投げ出すのでしょうか。学校の勉強は義務教育だけでも9年かかります。20代は仕事を覚える時期だと言われるように，会社員が一人前になるのには10年くらいはかかります。言語習得の天才と言って良い赤ちゃんが，母語話者としての能力を確立するのは，早く見積もっても5,6歳になってからです。本書でも10年・1万時間を熟達の目安として紹介しましたが，数年から10年やらなければ本物にならないスキルの方がむしろ普通です。逆に言えば，短期間で身に付いてしまうようなものはスキルとして数え上げるほどの値打ちもないということです。大切なのは，「そんなに大変ならやらない」と簡単にあきらめるのではなく「本当に大変なので，今すぐ始めてずっとやり続ける」という正しい態度を持つことです。一つあきらめるごとに，次の何かをあきらめるのがさらに簡単になり，一度投げ出すと，次に何かを投げ出すのがもっと簡単になりますよ。あきらめと投げ出しの連続

---

　2) 英語に"buy into"という表現があって，「会社の株式や債券を買う」ような場合に使うのですが，口語的な第二義として，方法や主張や理論などが良い・正しいと感じて取り入れたり承認したりする，特に信頼度が高いので無批判に受け入れるという意味もあります。この英語表現の"buy"にかけて「購買意欲」という日本語表現を使っています。

　3) こういう野球表現に詳しくない人のために，相手の出鼻をくじく序盤の先制点，さらに突き放す中盤の追加点，最後は勝利を封印する終盤のさらなる加点，押して押して押し続ける得点パターンがこの先制・中押し・ダメ押しです。

の空虚な負け犬人生を無為に送りますか？ 達成と向上の充実した有意義な人生を存分に生きますか？ 人類の底辺でうごめく底生動物になりますか，人類の頂点に君臨しますか？ 「そんなに大変な長期戦にこそ，是非自分が参戦しなければ」という気概を持ってください。これは本気で書いた渾身の書です。本気で読んで真剣に学んでください。全速前進！

　　2012年3月末　季節外れの鈴虫が鳴き競う洛中の研究室にて

青谷正妥（あおたにまさやす）

References

Abadikhah, S. (2012). The effect of mechanical and meaningful production of output on learning English relative clauses. *System, 40* (1), 129-143. doi: 10.1016/j.system.2012.01.001

Abrahamsson, N., & Hyltenstam, K. (2009). Age of onset and nativelikeness in a second language: Listener perception versus linguistic scrutiny. *Language Learning, 59* (2), 249-306. doi: 10.1111/j.1467-9922.2009.00507.x

Adams, M. J. (1998). The three-cueing system. In F. Lehr & J. Osborn (Eds.), *Literacy for all: Issues in teaching and learning* (pp. 73-99). New York: Guilford Press.

AdultStudent.com. (n.d.). Help for sustaining concentration Retrieved 08/25, 2011, from http://www.adultstudent.com/student/concentration.html

Ahmadian, M. J. (2012). The effects of guided careful online planning on complexity, accuracy and fluency in intermediate EFL learners' oral production: The case of English articles. *Language Teaching Research, 16* (1), 129-149. doi: 10.1177/1362168811425433

Alford, D. M. (n.d.). Chomsky's rebuttal of Whorf: The annotated version by Moonhawk, 8/95 Retrieved 10/15, 2011, from http://www.enformy.com/dma-chm0.htm

Allwood, J. (2006). Language survival kits. In A. Saxena & L. Borin (Eds.), *Lesser-known languages of South Asia* (pp. 279-292) : Mouton de Gruyter.

Anderson, J. R. (1983). *The architecture of cognition.* Cambridge, MA: Harvard University Press.

Anderson, J. R. (1993). *Rules of the mind.* Hillsdale, NJ: Erlbaum.

Anderson, J. R. (2000). *Learning and memory: An integrated approach* (2nd ed.). New York: John Wiley & Sons.

Aotani, M. (2011a). *Factors affecting the holistic listening of Japanese learners of English.* Ed.D., Temple University, Philadelphia. Retrieved from http://gradworks.umi.com/3457854.pdf

Aotani, M. (2011b). Factors contributing to holistic listening of Kyoto University students: A preliminary study. *The International Center Research Bulletin, Kyoto University,* 1, 21-43.

Arevart, S., & Nation, P. (1991). Fluency improvement in a second language. *RELC Journal, 22* (1), 84-94. doi: 10.1177/003368829102200106

Aziz-Zadeh, L., Wilson, S. M., Rizzolatti, G., & Iacoboni, M. (2006). Congruent embodied representations for visually presented actions and linguistic phrases describing actions. *Current Biology, 16* (18), 1818-1823.

BalancedReading.com. (n.d.). The three cueing system. *Developing research-based resources for the balanced reading teacher* Retrieved 02/09, 2012, from http://www.balancedreading.com/3cue-adams.html

Bauer, L., & Nation, P. (1993). Word families. *International Journal of Lexicography, 6* (4), 253-279. doi: 10.1093/ijl/6.4.253

Bauman, J. (n.d.). About the General Service List Retrieved 02/03, 2012, from http://jbauman.com/aboutgsl.html

Bayley, P. J., & Squire, L. R. (2002). Medial temporal lobe amnesia: Gradual acquisition of factual information by nondeclarative memory. *The Journal of Neuroscience, 22* (13), 5741-5748.

Baylor University: Academic Support Program. (n.d.). Notetaking Retrieved 08/25, 2011, from http://www.baylor.edu/support_programs/index.php?id=42438

Bernhardt, E. B. (2005). Progress and procrastination in second language reading. *Annual Review of Applied Linguistics, 25* (1), 133-150. doi: doi:10.1017/S0267190505000073

Bernhardt, E. B., & Kamil, M. L. (1995). Interpreting relationships between L1 and L2 reading: Consolidating the linguistic threshold and the linguistic interdependence hypotheses. *Applied Linguistics, 16* (1), 15-34. doi: 10.1093/applin/16.1.15

Biber, D., Conrad, S., Reppen, R., Byrd, P., & Helt, M. (2002). Speaking and writing in the university: A multidimensional comparison. *TESOL Quarterly, 36* (1), 9-48.

Biber, D., Gray, B., & Poonpon, K. (2011). Should we use characteristics of conversation to measure grammatical complexity in L2 writing development? *TESOL Quarterly, 45* (1), 5-35. doi: 10.5054/tq.2011.244483

Biever, C. (2004). Language may shape human thought Retrieved 10/15, 2011, from http://www.newscientist.com/article/dn6303-language-may-shape-human-thought.html

Bismoko, J., & Nation, I. S. P. (1974). Developments in the Region Indonesia: 2 English reading speed and the mother-tongue or national language. *RELC Journal, 5* (1), 86-89. doi: 10.1177/003368827400500109

Bley-Vroman, R. (1990). The logical problem of foreign language learning. *Linguistic Analysis, 20*, 3-49.

Boers, F., Eyckmans, J., Kappel, J., Stengers, H., & Demecheleer, M. (2006). Formulaic sequences and perceived oral proficiency: Putting a Lexical Approach to the test. *Language Teaching Research, 10* (3), 245-261. doi: 10.1191/1362168806lr195oa

Bookheimer, S. Y., Zeffiro, T. A., Blaxton, T. A., Gaillard, W., & Theodore, W. H. (2000). Activation of language cortex with automatic speech tasks. *Neurology, 55* (8), 1151-1157.

Brown, H. D. (1994). *Teaching by principles: An introductive approach to language pedagogy.* Englewood Cliffs, NJ: Prentice-Hall Regents.

Brown, R. (1973). *A first language: The early stages.* Cambridge, MA: Harvard University Press.

Brown, R., Waring, R., & Donkaewbua, S. (2008). Incidental vocabulary acquisition from reading, reading-while-listening, and listening to stories. *Reading in a Foreign Language,* 20 (2), 136-163.

Bygate, M. (2005). Oral second language abilities as expertise. In K. Johnson (Ed.), *Expertise in second language learning and teaching* (pp. 104-127). Houndmills, Basingstoke: Palgrave.

Bygate, M. (2009). Teaching and testing speaking. In M. H. Long & C. J. Doughty (Eds.), *The handbook of language teaching.* Hoboken, NJ: Blackwell Publishing.

Call, J., & Tomasello, M. (2008). Does the chimpanzee have a theory of mind? 30 years later. *Trends in Cognitive Sciences, 12* (5), 187-192.

Carroll, J. B., Davies, P., & Richman, B. (1971). *The American heritage word frequency book.* Boston: Houghton Mifflin.

Chafets, Z. (2006). Ministers of dabate Retrieved 01/27, 2012, from http://www.nytimes.com/2006/03/19/magazine/319debate.html?pagewanted=all

Chang, A. C.-S. (2010). The effect of a timed reading activity on EFL learners: Speed, comprehension, and perceptions. *Reading in a Foreign Language, 22* (2), 284-303.

Cherry, K. (n.d.-a). 10 facts about memory: Most short-term memories are quickly forgotten Retrieved 02/14, 2012, from http://psychology.about.com/od/memory/ss/ten-facts-about-memory_3.htm

Cherry, K. (n.d.-b). What is short-term memory? Retrieved 02/14, 2012, from http://psychology.

about.com/od/memory/f/short-term-memory.htm

Chersi, F., Thill, S., Ziemke, T., & Borghi, A. M. (2010). Sentence processing: Linking language to motor chains. [Hypothesis & Theory]. *Frontiers in Neurorobotics, 4* 4. doi: 10.3389/fnbot.2010.00004

Coltheart, M. (1978). Lexical access in simple reading tasks. In G. Underwood (Ed.), *Strategies of Information Processing* (pp. 151-216). New York: Academic Press.

Coltheart, M., Curtis, B., Atkins, P., & Haller, M. (1993). Models of reading aloud: Dual-route and parallel-distributed-processing approaches. *Psychological Review, 100* (4), 589-608.

Coltheart, M., & Rastle, K. (1994). Serial processing in reading aloud: Evidence for dual-route models of reading. *Journal of Experimental Psychology: Human Perception and Performance, 20* (6), 1197-1211.

Coltheart, M., Rastle, K., Perry, C., Langdon, R., & Ziegler, J. (2001). DRC: A dual route cascaded model of visual word recognition and reading aloud. *Psychological Review, 108* (1), 204-256.

Cook, V. (n.d.). L2 sequences of acquisition Retrieved 01/12, 2012, from http://homepage.ntlworld.com/vivian.c/SLA/L2sequences.htm

Cowan, N. (2008). What are the differences between long-term, short-term, and working memory? In J.-C. L. V. F. C. Wayne S. Sossin & B. Sylvie (Eds.), *Progress in Brain Research* (Vol. Volume 169, pp. 323-338) : Elsevier.

Craik, F. I. M., & Lockhart, R. S. (1972). Levels of processing: A framework for memory research. *Journal of Verbal Learning and Verbal Behavior, 11* (6), 671-684. doi: 10.1016/s0022-5371 (72) 80001-x

Craik, F. I. M., & Tulving, E. (1975). Depth of processing and the retention of words in episodic memory. *Journal of Experimental Psychology: General, 104* (3), 268-294. doi: 10.1037/0096-3445.104.3.268

Cromie, W. J. (2004). Which comes first, language or thought?: Babies think first Retrieved 09/14, 2011, from http://news.harvard.edu/gazette/2004/07.22/21-think.html

Crystal, D. (2000). *Language Death*. Cambridge: Cambridge University Press.

Danks, J. (1980). Comprehension in listening and reading: Same or different? In J. Danks & K. Pezdek (Eds.), *Teaching English as a second or foreign language* (pp. 271-294). San Diego, CA: Academic.

De Bot, K. (1992). A bilingual production model: Levelt's 'Speaking' model adapted. *Applied Linguistics, 13* (1), 1-24. doi: 10.1093/applin/13.1.1

de Jong, N., & Perfetti, C. A. (2011). Fluency training in the ESL classroom: An experimental study of fluency development and proceduralization. *Language Learning, 61* (2), 533-568. doi: 10.1111/j.1467-9922.2010.00620.x

de Villiers, J. G., & Johnson, V. E. (2007). The information in third-person /s/: Acquisition across dialects of American English. *Journal of Child Language, 34* (01), 133-158. doi: doi:10.1017/S0305000906007768

DeKeyser, R. M. (2001). Automaticity and automatization. In P. Robinson (Ed.), *Cognition and second language instruction* (pp. 125-151). Cambridge, England: Cambridge University Press.

Dell, G. S. (1995). Speaking and misspeaking. In L. R. Gleitman & M. Liberman (Eds.), *An invitation to cognitive science, 2nd edition - Vol.1: Language* (pp. 183-208). Cambridge, MA: MIT Press.

Dulay, H. C., & Burt, M. K. (1973). Should we teach children syntax? *Language Learning, 23* (2), 245-258. doi: 10.1111/j.1467-1770.1973.tb00659.x

Educational Testing Service. (2005). *The official guide to the new TOEFL iBT*. New York:

McGraw-Hill.
Educational Testing Service. (2009). *The official guide to the TOEFL test* (3rd ed.). New York: McGraw-Hill.
Educational Testing Service. (2012). *The official guide to the TOEFL test* (4th ed.). New York: McGraw-Hill.
Ellis, R., Loewen, S., Elder, C., Erlam, R., Philp, J., & Reinders, H. (2009). *Implicit and explicit knowledge in second language learning, testing and teaching.* Bristol: Multilingual Matters.
English Advantage. (n.d.). Intensive and extensive speaking Retrieved 02/06, 2012, from http://www.englishadvantage.info/teaching/intensive-and-extensive-speaking/
Eppig, C. (2011). Why is average IQ higher in some places? Retrieved 09/08, 2011, from http://www.scientificamerican.com/article.cfm?id=why-is-average-iq-higher-in-some-places
Ericsson, K. A., Prietula, M. J., & Cokely, E. T. (2007). The making of an expert. (cover story). [Article]. *Harvard Business Review, 85* (7/8), 114-121.
Erlendsson, J. (n.d.). Speaking speed vs. listening speed Retrieved 03/08, 2012, from https://notendur.hi.is/joner/eaps/wh_splis.htm
ESLFlashcards.com 2012. (n.d.). Free ESL flashcards Retrieved 03/07, 2012, from http://www.eslflashcards.com/
eslflow.com. (n.d.). Teach with pictures Retrieved 02/14, 2012, from http://www.eslflow.com/picturelessonsandteachingideas.html
Fadiga, L., Craighero, L., & D'Ausilio, A. (2009). Broca's area in language, action, and music. Annals of *the New York Academy of Sciences*, 1169 (1), 448-458. doi: 10.1111/j.1749-6632.2009.04582.x
Falkner, F., & Tanner, J. M. (1986). *Human growth: A comprehensive treatise volume 1: Developmental biology; Prenatal growth.* New York: Springer.
Ferman, S., & Karni, A. (2012). Procedural and declarative memory in the acquisition of morphological knowledge: A model for second language acquisition in adults. In M. Leikin, M. Schwartz & Y. Tobin (Eds.), *Current issues in bilingualism* (Vol. 5, pp. 201-216). Heidelberg: Springer Netherlands.
Fischer, M. H., & Zwaan, R. A. (2008). Embodied language: A review of the role of the motor system in language comprehension. *The Quarterly Journal of Experimental Psychology, 61* (6), 825-850. doi: 10.1080/17470210701623605
Fisher, C., & Gleitman, L. R. (2002). Language acquisition. In H. Pashler & R. Gallistel (Eds.), *Stevens' handbook of experimental psychology: Learning, motivation, and emotion* (3rd ed., Vol. 3, pp. 445-496). New York: Wiley.
Fisher, S. E., & Scharff, C. (2009). FOXP2 as a molecular window into speech and language. *Trends in Genetics*, 25 (4), 166-177. doi: 10.1016/j.tig.2009.03.002
Fitch, W. T. (2000). The evolution of speech: A comparative review. *Trends in Cognitive Sciences, 4* (7), 258-267.
Foreign Service Institute. (1973). *Expected levels of absolute speaking proficiency in languages taught at the Foreign Service Institute.* Arlington, VA: Foreign Service Institute.
French, B. M. (n.d.). Levels of processing Retrieved 01/30, 2012, from http://penta.ufrgs.br/edu/telelab/3/levels_o.htm
Fritz, W. (n.d.). Do we think with words? Retrieved 09/12, 2011, from http://www.intelligent-systems.com.ar/intsyst/thinkwords.htm
Frommer, G. (n.d.). Duration of short-term memory Retrieved 02/14, 2012, from http://www.indiana.edu/~p1013447/dictionary/stmpp.htm

Frost, R. (1998). Toward a strong phonological theory of visual word recognition: True issues and false trails. *Psychological Bulletin, 123* (1), 71-99.

Gentilucci, M., & Volta, R. D. (2008). Spoken language and arm gestures are controlled by the same motor control system. *The Quarterly Journal of Experimental Psychology, 61* (6), 944-957. doi: 10.1080/17470210701625683

Gilner, L. (2011). A primer on the General Service List. *Reading in a Foreign Language, 23* (1), 65-83.

Gladwell, M. (2008). *Outliers: The story of success.* New York: Back Bay Books.

Gleitman, L., & Papafragou, A. (2005). Language and thought. In K. J. Holyoak & R. G. Morrison (Eds.), *The Cambridge handbook of thinking and reasoning* (pp. 633-661). Cambridge, UK: Cambridge University Press.

Goh, C. (2005). Second language listening expertise. In K. Johnson (Ed.), *Expertise in second language learning and teaching* (pp. 64-84). Houndmills, Basingstoke: Palgrave.

Goldin-Meadow, S. (2000). Learning with and without a helping hand. In B. Landau, J. Sabini, J. Jonides & E. L. Newport (Eds.), *Perception, cognition, and language* (pp. 121-137). Cambridge, MA: MIT Press.

Goldin-Meadow, S. (2003). Thought before language: Do we think ergative? In D. Gentner & S. Goldin-Meadow (Eds.), *Language in mind: Advances in the study of language and thought* (pp. 493-522). Cambridge, MA: MIT Press.

Goldin-Meadow, S., & Mayberry, R. I. (2001). How do profoundly deaf children learn to read? *Learning Disabilities Research & Practice*, 16 (4), 222-229. doi: 10.1111/0938-8982.00022

Goswami, U. (2008). Reading, complexity and the brain. *Literacy*, 42 (2), 67-74. doi: 10.1111/j.1741-4369.2008.00484.x

Goswami, U., & Ziegler, J. C. (2006). Fluency, phonology and morphology: A response to the commentaries on becoming literate in different languages. *Developmental Science, 9* (5), 451-453. doi: 10.1111/j.1467-7687.2006.00511.x

GPS Business Services. (n.d.). Ethnologue: Languages of the world Retrieved 08/18, 2011, from http://www.ethnologue.com/

Graf, P., & Schacter, D. L. (1989). Unitization and grouping mediate dissociations in memory for new associations. *Journal of Experimental Psychology: Learning, Memory, and Cognition, 15* (5), 930-940. doi: 10.1037/0278-7393.15.5.930

Grainger, J., & Ziegler, J. (2011). A dual-route approach to orthographic processing. [Hypothesis & Theory]. *Frontiers in Psychology, 2.* doi: 10.3389/fpsyg.2011.00054

Hakuta, K. (2000). How long does it take English learners to attain proficiency. *Policy Reports.* Retrieved from http://escholarship.org/uc/item/13w7m06g

Hamann, S. B. (1990). Level-of-processing effects in conceptually driven implicit tasks. *Journal of Experimental Psychology: Learning, Memory, and Cognition,* 16 (6), 970-977. doi: 10.1037/0278-7393.16.6.970

Harm, M. W., & Seidenberg, M. S. (2004). Computing the meanings of words in reading: Cooperative division of labor between visual and phonological processes. *Psychological Review, 111* (3), 662-720.

Hazenberg, S., & Hulstijn, J. H. (1996). Defining a minimal receptive second-language vocabulary for non-native university students: An empirical investigation. *Applied Linguistics, 17* (2), 145-163. doi: 10.1093/applin/17.2.145

Heaton, J. B. (1966). *Composition through pictures.* White Plains, NY: Longman.

Heaton, J. B. (1971). *Practice through pictures*. White Plains, NY: Longman.
Heaton, J. B. (1987). *Writing through pictures*. White Plains, NY: Longman.
Heaton, J. B. (1997). *Beginning composition through pictures*. White Plains, NY: Longman.
Heyes, C. (2011). Automatic imitation. *Psychological Bulletin, 137* (3), 463-483.
Hickok, G., & Hauser, M. (2010). (Mis) understanding mirror neurons. *Current Biology, 20* (14), R593-R594.
Hickok, G., Houde, J., & Rong, F. (2011). Sensorimotor integration in speech processing: Computational basis and neural organization. *Neuron, 69* (3), 407-422.
Hirsh, D., & Nation, P. (1992). What vocabulary size is needed to read unsimplified texts for pleasure? *Reading in a Foreign Language, 8* (2), 689-696.
Holster, T. A., & Delint, D. F. (2012). Output tasks and vocabulary gains. *The Language Teacher, 36* (2), 3-10.
Housen, A., & Kuiken, F. (2009). Complexity, accuracy, and fluency in second language acquisition. *Applied Linguistics, 30* (4), 461-473. doi: 10.1093/applin/amp048
Hsueh-chao, M. H., & Nation, P. (2000). Unknown vocabulary density and reading comprehension. *Reading in a Foreign Language, 13* (1), 403-430.
Huckin, T., & Coady, J. (1999). Incidental vocabulary acquisition in a second language. *Studies in Second Language Acquisition, 21* (2), 181-193. doi: doi:null
Hulstijn, J. H. (2007). The shaky ground beneath the CEFR: Quantitative and qualitative dimensions of language proficiency. *The Modern Language Journal, 91* (4), 663-667. doi: 10.1111/j.1540-4781.2007.00627_5.x
Hunt, R. R. (2012). Chapter one - Distinctive processing: The co-action of similarity and difference in memory. In B. H. Ross (Ed.), *Psychology of Learning and Motivation* (Vol. Volume 56, pp. 1-46). New York: Academic Press.
Jiang, X. (2011). The role of first language literacy and second language proficiency in second language reading comprehension. *The Reading Matrix, 11* (2), 177-190.
Joe, A. (1998). What effects do text-based tasks promoting generation have on incidental vocabulary acquisition? *Applied Linguistics, 19* (3), 357-377. doi: 10.1093/applin/19.3.357
Jusczyk, P. W. (2003). The role of speech perception capacities in early language acquisition. In M. T. Banich & M. Mack (Eds.), *Mind, brain, and language: Multidisciplinary perspectives*. Mahwah, NJ: Erlbaum.
Kappes, J., Baumgaertner, A., Peschke, C., & Ziegler, W. (2009). Unintended imitation in nonword repetition. *Brain and Language, 111* (3), 140-151.
Kiany, G. R., & Shiramiry, E. (2002). The effect of frequent dictation on the listening comprehension ability of elementary EFL learners. *TESL Canada Journal, 20* (1), 57-63.
Kies, D. (n.d.). Language development in children Retrieved 01/12, 2012, from http://papyr.com/hypertextbooks/grammar/lgdev.htm
Klein, R. G. (n.d.). Three distinct human populations Retrieved 08/17, 2011, from http://www.accessexcellence.org/BF/bf02/klein/bf02e3.php
Knight, R.-A. (n.d.). Reading Retrieved 08/22, 2011, from http://rachaelanne.net/teaching/psych/reading_03_HO.doc
Kohler, E., Keysers, C., Umilta, M. A., Fogassi, L., Gallese, V., & Rizzolatti, G. (2002). Hearing sounds, understanding actions: Action representation in mirror neurons. *Science, 297* (5582), 846-848.
Kormos, J. (2006). *Speech production and second language acquisition*. New York: Erlbaum.
Kuhn, M. R., & Stahl, S. A. (2003). Fluency: A review of developmental and remedial practices.

Journal of Educational Psychology, 95 (1), 3-21. doi: 10.1037/0022-0663.95.1.3

Kwon, E.-Y. (2005). The "Natural Order" of morpheme acquisition: A historical survey and discussion of three putative determinants. *Teachers College, Columbia University Working Papers in TESOL & Applied Linguistics, 5* (1), 1-21.

Langan, J., & Nadell, J. (1980). *Doing well in college.* New York: McGraw-Hill.

Lee, Y.-S. (2000). The role of conscious memory in the category-production task. *European Journal of Cognitive Psychology, 12* (4), 453-471. doi: 10.1080/095414400750050187

Lee, Y.-s. (2008). Levels-of-processing effects on conceptual automatic memory. *European Journal of Cognitive Psychology, 20* (5), 936-954. doi: 10.1080/09541440701801321

Leighton, J., & Heyes, C. (2010). Hand to mouth: Automatic imitation across effector systems. *Journal of Experimental Psychology: Human Perception and Performance, 36* (5), 1174-1183.

Levelt, W. J. M. (1989). *Speaking: From intention to articulation.* Cambridge, MA: MIT Press.

Levelt, W. J. M., Roelofs, A., & Meyer, A. S. (1999). A theory of lexical access in speech production. *Behavioral and Brain Sciences, 22* (01), 1-38. doi: doi:null

Liberman, A. M. (1957). Some results of research on speech perception. *Journal of the Acoustical Society of America, 29,* 117-123.

Liberman, A. M. (1992). The relation of speech to reading and writing. In R. Frost & L. Katz (Eds.), *Orthography, phonology, morphology, and meaning* (Vol. 94, pp. 167-178) : North-Holland.

Liberman, A. M., Cooper, F. S., Shankweiler, D. P., & Studdert-Kennedy, M. (1967). Perception of the speech code. *Psychological Review, 74* (6), 431-461.

Liberman, A. M., & Mattingly, I. G. (1985). The motor theory of speech perception revised. *Cognition, 21* (1), 1-36.

Liegeois, F., Baldeweg, T., Connelly, A., Gadian, D. G., Mishkin, M., & Vargha-Khadem, F. (2003). Language fMRI abnormalities associated with FOXP2 gene mutation. [10.1038/nn1138]. *Nature Neuroscience, 6* (11), 1230-1237. doi: http://www.nature.com/neuro/journal/v6/n11/suppinfo/nn1138_S1.html

Lightbown, P. M. (2007). Transfer appropriate processing as a model for classroom second language acquisition. In Z. Han (Ed.), *Understanding second language process* (pp. 27-44). Clevedon: Multilingual Matters.

Liu, D. (2011). The most frequently used English phrasal verbs in American and British English: A multicorpus examination. *TESOL Quarterly, 45* (4), 661-668. doi: 10.5054/tq.2011.247707

Lougheed, L. (2004). *How to prepare for the TOEFL essay* (2nd ed.) : Barron's Educational Series.

Lund, R. J. (1991). A comparison of second language listening and reading comprehension. *Modern Language Journal, 75* (2), 196-204.

Macalister, J. (2000). Speed reading courses and their effect on reading authentic texts: A preliminary investigation. *Reading in a Foreign Language, 22* (1), 104-116.

MacSweeney, M., Waters, D., Brammer, M. J., Woll, B., & Goswami, U. (2008). Phonological processing in deaf signers and the impact of age of first language acquisition. NeuroImage, 40 (3), 1369-1379.

Maeng, U.-K. (2006). Comparison of L2 listening and reading comprehension strategies: A case study of three middle school students. *The Journal of Curriculum & Evaluation,* 9 (2), 471-500.

Magga, O. H. (2006). Diversity in Saami terminology for reindeer, snow, and ice. *International Social Science Journal,* 58 (187), 25-34. doi: 10.1111/j.1468-2451.2006.00594.x

Marcus, G. F., & Fisher, S. E. (2003). FOXP2 in focus: What can genes tell us about speech and language? *Trends in Cognitive Sciences, 7* (6), 257-262. doi: 10.1016/s1364-6613 (03) 00104-9

McBride, D., & Shoudel, H. (2003). Conceptual processing effects on automatic memory. *Memory & Cognition, 31* (3), 393-400. doi: 10.3758/bf03194397

McCarthy, J. J., & Martello, M. L. (2006). Climate change in the context of multiple stressors and resilience. In C. Symon, L. Arris & B. Heal (Eds.), *Arctic Climate Impact Assessment - Scientific report* (pp. 945-988). Cambridge, UK: Cambridge University Press.

McLeod, S., van Doorn, J., & Reed, V. A. (2001). Consonant cluster development in two-year-olds: General trends and individual difference. *Journal of Speech, Language & Hearing Research, 44* (5), 1144-1171.

Mecartty, F. H. (2000). Lexical and grammatical knowledge in reading and listening comprehension by foreign language learners of Spanish. *Applied Language Learning, 11* (2), 323-348.

MEMORY LOSS & the brain. (n.d.). Glossary: memory Retrieved 02/14, 2012, from http://www.memorylossonline.com/glossary/memory.html

Menghini, D., Finzi, A., Carlesimo, G. A., & Vicari, S. (2011). Working memory impairment in children with developmental dyslexia: Is it just a phonological deficit? *Developmental Neuropsychology, 36* (2), 199-213. doi: 10.1080/87565641.2010.549868

Moats, L., & Tolman, C. (n.d.). Why phonological awareness is important for reading and spelling Retrieved 02/08, 2012, from http://www.readingrockets.org/article/28655/

Morley, J. (1991). Trends and developments in listening comprehension: Theory and practice. In J. E. Alatis (Ed.), *Georgetown University Round Table on Languages and Linguistics, 1990: Linguistics, language teaching, and acquisition : The interdependence of theory, practice and research* (pp. 317-337). Washington, D.C.: Georgetown University Press.

Morris, C. D., Bransford, J. D., & Franks, J. J. (1977). Levels of processing versus transfer appropriate processing. *Journal of Verbal Learning and Verbal Behavior, 16* (5), 519-533. doi: 10.1016/s0022-5371 (77) 80016-9

Morsella, E., & Bargh, J. A. (2011). Unconscious action tendencies: Sources of 'un-integrated' action. In J. Decety & J. T. Cacioppo (Eds.), *The handbook of social neuroscience* (pp. 335-347). New York: Oxford University Press.

Murphy, J. M. (1996). Integrating listening and reading instruction in EAP programs. *English for Specific Purposes, 15* (2), 105-120.

Myers-Scotton, C. (2002). *Contact linguistics: Bilingual encounters and grammatical outcomes.* Oxford: Oxford University Press.

Nation, I. S. P. (2006). How large a vocabulary is needed for reading and listening? *Canadian Modern Language Review, 63* (1), 59-81.

Nation, P. (1989). Improving speaking fluency. *System, 17* (3), 377-384. doi: 10.1016/0346-251x (89) 90010-9

Nation, P. (2001). *Learning vocabulary in another language.* Cambridge: Cambridge University Press.

Nation, P. (2007). The four strands. [Article]. *Innovation in Language Learning & Teaching, 1* (1), 2-13. doi: 10.2167/illt039.0

Nation, P. (2009a). *Teaching ESL/EFL listening and speaking.* Cambridge: Routledge, Taylor & Francis.

Nation, P. (2009b). *Teaching ESL/EFL reading and writing.* Cambridge: Routledge, Taylor & Francis.

Nation, P., & Waring, R. (1997). Vocabulary size, text coverage and word lists. In N. Schmitt & M.

McCarthy (Eds.), *Vocabulary description acquisition and pedagogy* (pp. 6-19). Cambridge, UK: Cambridge University Press.

Newbury, D. F., Fisher, S. E., & Monaco, A. P. (2010). Recent advances in the genetics of language impairment. *Genome Medicine, 2* (1), 6. doi: 10.1186/gm127

Newbury, D. F., & Monaco, A. P. (2010). Genetic advances in the study of speech and language disorders. *Neuron, 68* (2), 309-320. doi: 10.1016/j.neuron.2010.10.001

Newman, R. L., & Connolly, J. F. (2004). Determining the role of phonology in silent reading using event-related brain potentials. *Cognitive Brain Research, 21* (1), 94-105.

Newman, R. L., & Joanisse, M. F. (2011). Modulation of brain regions involved in word recognition by homophonous stimuli: An fMRI study. *Brain Research, 1367,* 250-264.

Nishizawa, H., Yoshioka, T., & Fukada, M. (2010). The impact of a 4-year extensive reading program. In A. Stoke (Ed.), *JALT2009 Conference Proceedings* (pp. 632-640). Tokyo: JALT.

Ocampo, B., & Kritikos, A. (2011). Interpreting actions: The goal behind mirror neuron function. *Brain Research Reviews, 67* (1-2), 260-267.

Online Etymology Dictionary. (n.d.). History of zero Retrieved 09/28, 2011, from http://www.etymonline.com/zero.php

Ortinski, P., & Meador, K. J. (2004). Neuronal mechanisms of conscious awareness. *Neurological Review, 61,* 1017-1020.

Paradis, M. (2009). *Declarative and procedural determinants of second languages.* Philadelphia: John Benjamins.

Paradis, M., & Gopnik, M. (1997). Compensatory strategies in genetic dysphasia: Declarative memory. *Journal of Neurolinguistics, 10* (2-3), 173-185. doi: 10.1016/s0911-6044 (97) 00010-9

Park, G.-P. (2004). Comparison of L2 listening and reading comprehension by university students learning English in Korea. *Foreign Language Annals, 37* (3), 448-458.

Paulesu, E., Démonet, J. F., Fazio, F., McCrory, E., Chanoine, V., Brunswick, N., et al. (2001). Dyslexia: cultural diversity and biological unity. *Science, 291* (5511), 2165-2167.

Perfetti, C. A. (1985). *Reading ability.* New York: Oxford University Press.

Perret, C., & Laganaro, M. (2012). Comparison of electrophysiological correlates of writing and speaking: A topographic ERP analysis. *Brain Topography, 25* (1), 64-72. doi: 10.1007/s10548-011-0200-3

Peterson, B. (n.d.). The evolution of language Retrieved 08/17, 2011, from http://brainconnection.positscience.com/topics/?main=fa/evolution-language

Petraccone, L., Erra, E., Esposito, V., Randazzo, A., Galeone, A., Barone, G., et al. (2005). Biophysical properties of quadruple helices of modified human telomeric DNA. *Biopolymers, 77* (2), 75-85. doi: 10.1002/bip.20189

Peverly, S. T., Ramaswamy, V., Brown, C., Sumowski, J., Alidoost, M., & Garner, J. (2007). What predicts skill in lecture note taking? *Journal of Educational Psychology, 99* (1), 167-180.

Phillips, D. (2004). *Longman preparation course for the TOEFL test: The paper test.* White Plains, NY: Longman.

PHYSORG.COM. (n.d.). First evidence found of mirror neuron's role in language Retrieved 08/16, 2011, from http://www.physorg.com/news78073175.html

Prahallad, K. (2010). *Automatic building of synthetic voices from audio books (Doctoral dissertation).* Doctor of Philosophy, Carnegie Mellon University, Pittsburgh.

psychonaut.com. (n.d.). Patient E.P. Retrieved 01/14, 2012, from http://www.psychonaut.com/post-37809.html?f=45

quantumleap. (n.d.). Thought of the day: How long does it take to become proficient In project management Retrieved 01/29, 2012, from http://quantmleap.com/blog/2012/01/thought-of-the-day-how-long-does-it-take-to-become-proficient-in-project-management/

Raichle, M. E., Fiez, J. A., Videen, T. O., MacLeod, A.-M. K., Pardo, J. V., Fox, P. T., et al. (1994). Practice-related changes in human brain functional anatomy during nonmotor learning. *Cerebral Cortex, 4* (1), 8-26. doi: 10.1093/cercor/4.1.8

Rastle, K., McCormick, S. F., Bayliss, L., & Davis, C. J. (2011, August 8). Orthography influences the perception and production of speech. *Journal of Experimental Psychology: Learning, Memory, and Cognition.*

Renandya, W. A., & Farrell, T. S. C. (2011). 'Teacher, the tape is too fast!' Extensive listening in ELT. *ELT Journal, 65* (1), 52-59. doi: 10.1093/elt/ccq015

Rizzolatti, G., & Craighero, L. (2004). The mirror-neuron system. *Annual Review of Neuroscience, 27* (1), 169-192.

Rogers, B. (2010). *The complete guide to the TOEFL test: PBT edition.* Boston: Heinle.

Royer, J. M. (1985). Reading from the perspective of a biological metaphor. *Comtemporary Educational Psychology, 10,* 150-200.

sabri.org. (n.d.). Speaking vs writing Retrieved 02/21, 2012, from http://www.sabri.org/speaking-vs-writing.htm

Sakurai, N. (2011). The relationship between the total number of words read and test scores in an extensive reading program. 京都産業大学論集, 人文科学系列, 43, 112-122.

Sanders, D. A. (1977). *Auditory perception of speech:* An introduction to principles and problems. Englewood Cliffs, NJ: Prentice-Hall.

Sasaki, M. (2011). Effects of varying lengths of study-abroad experiences on Japanese EFL students' L2 writing ability and motivation: A longitudinal study. *TESOL Quarterly, 45* (1), 81-105. doi: 10.5054/tq.2011.240861

Savill, N., Lindell, A., Booth, A., West, G., & Thierry, G. (2011). Literate humans sound out words during silent reading. *NeuroReport, 22* (3), 116-120 110.1097/WNR.1090b1013e328342ed328327.

Savill, N. J., & Thierry, G. (2011). Reading for sound with dyslexia: Evidence for early orthographic and late phonological integration deficits. *Brain Research, 1385,* 192-205.

Schmelz, M., Call, J., & Tomasello, M. (2011). Chimpanzees know that others make inferences. *Proceedings of the National Academy of Sciences, 108* (7), 3077-3079. doi: 10.1073/pnas.1000469108

Schmidt, R. (1992). Psychological mechanisms underlying second language fluency. *Studies in Second Language Acquisition, 14* (04), 357-385. doi: doi:10.1017/S0272263100011189

Scoville, W. B., & Milner, B. (1957). Loss of recent memory after bilateral hippocampal lesions. *Journal of Neurology, Neurosurgery & Psychiatry, 20* (1), 11-21. doi: 10.1136/jnnp.20.1.11

Segalowitz, N. (2003). Automaticity and second languages. In C. J. Doughty & M. H. Long (Eds.), *The handbook of second language acquisition* (pp. 382-408). Malden, MA: Blackwell.

Selinker, L. (1991). *Rediscovering interlanguage.* Boston: Addison Wesley.

Sen, D., & Gilbert, W. (1991). The structure of telomeric DNA: DNA quadriplex formation. *Current Opinion in Structural Biology, 1* (3), 435-438. doi: 10.1016/0959-440x (91) 90044-t

Sharon, T., Moscovitch, M., & Gilboa, A. (2011). Rapid neocortical acquisition of long-term arbitrary associations independent of the hippocampus. *Proceedings of the National Academy of Sciences, 108* (3), 1146-1151. doi: 10.1073/pnas.1005238108

Sinatra, G. M. (1990). Convergence of listening and reading process. *Reading Research Quarterly,*

25 (2), 115-130.

Slobin, D. I. (1996). From "thought and language" to "thinking for speaking". In J. J. Gumperz & S. C. Levinson (Eds.), *Rethinking linguistic relativity* (pp. 70-96). Cambridge, UK: Cambridge University Press.

Soderstrom, M. (2008). Early perception-late comprehension of grammar? The case of verbal – s: a response to de Villiers & Johnson (2007). *Journal of Child Language, 35* (03), 671-676. doi: doi:10.1017/S0305000907008616

Spaepen, E., Coppola, M., Spelke, E. S., Carey, S. E., & Goldin-Meadow, S. (2011). Number without a language model. *Proceedings of the National Academy of Sciences, 108* (8), 3163-3168. doi: 10.1073/pnas.1015975108

Srinivas, K., & Roediger Iii, H. L. (1990). Classifying implicit memory tests: Category association and anagram solution. *Journal of Memory and Language, 29* (4), 389-412. doi: 10.1016/0749-596x (90) 90063-6

Stefanacci, L., Buffalo, E. A., Schmolck, H., & Squire, L. R. (2000). Profound amnesia after damage to the medial temporal lobe: A neuroanatomical and neuropsychological profile of Patient E. P. *The Journal of Neuroscience, 20* (18), 7024-7036.

Stephens, M. (2011). The primacy of extensive listening. *ELT Journal, 65* (3), 311-313. doi: 10.1093/elt/ccq042

Sticht, T. G., Beck, L. J., Hank, R. N., Kleiman, G. M., & James, J. H. (1974). *Auding and reading: A developmental model*. Alexandria, VA: Human Resources Research Organization.

Swain, M. (1985). Communicative competence: Some roles of comprehensible input and comprehensible output in its development. In S. M. Gass & C. G. Madden (Eds.), *Input in second language acquisition* (pp. 235-253). Rowley, MA: Newbury House.

Swain, M. (1995). Three functions of output in second language learning. In G. Cook & B. Seidlhofer (Eds.), *Principle and practice in applied linguistics: Studies in honour of H.G. Widdowson* (pp. 125-144). Oxford: Oxford University Press.

Swain, M. (2005). The output hypothesis: Theory and research. In E. Hinkel (Ed.), *Handbook of research in second language teaching and learning* (pp. 471-483). Mahwah, NJ: Erlbaum.

Théoret, H., & Pascual-Leone, A. (2002). Language acquisition: Do as you hear. *Current Biology, 12* (21), R736-R737.

Thapar, A., & Greene, R. L. (1994). Effects of level of processing on implicit and explicit tasks. *Journal of Experimental Psychology: Learning, Memory, and Cognition, 20* (3), 671-679. doi: 10.1037/0278-7393.20.3.671

The Army Institute for Professional Development. (n.d.). Communicative skills at company level Retrieved 09/13, 2011, from http://psurvival.com/documents/1993%20US%20Army%20 COMMUNICATIVE%20SKILLS%20AT%20COMPANY%20LEVEL%20279p.pdf

THE HUMAN MEMORY. (n.d.). Short-term (working) memory Retrieved 02/14, 2012, from http://www.human-memory.net/types_short.html

Thompson, I. (1995). Assessment of second/foreign language listening comprehension. In D. Mendelsohn & J. Rubin (Eds.), *A guide for the teaching of second language listening* (pp. 31-58). San Diego, CA: Dominie Press.

Thorndike, E. L., & Lorge, I. (1944). *The teacher's word book of 30000 words*. New York: Teachers College, Columbia University.

Tomblin, J. B., O'Brien, M., Shriberg, L. D., Williams, C., Murray, J., Patil, S., et al. (2009). Language features in a mother and daughter of a chromosome 7;13 translocation involving FOXP2.

[Feature Article]. *Journal of Speech, Language, and Hearing Research, 52* (5), 1157-1174. doi: 10.1044/1092-4388 (2009/07-0162)

Towell, R., Hawkins, R., & Bazergui, N. (1996). The development of fluency in advanced learners of French. *Applied Linguistics, 17* (1), 84-119. doi: 10.1093/applin/17.1.84

Tremblay, P., & Small, S. L. (2011). On the context-dependent nature of the contribution of the ventral premotor cortex to speech perception. *NeuroImage, 57* (4), 1561-1571.

Ullman, M. T., & Gopnik, M. (1999). Inflectional morphology in a family with inherited specific language impairment. *Applied Psycholinguistics, 20* (01), 51-117. doi: doi:null

Voice of America. (n.d.). About us: Helping people understand their world Retrieved 02/04, 2012, from http://www.voanews.com/learningenglish/about-us/

Waring, R. (n.d.-a). Extensive listening Retrieved 02/07, 2012, from http://www.robwaring.org/el/index.htm

Waring, R. (n.d.-b). Starting extensive listening Retrieved 02/07, 2012, from http://www.robwaring.org/er/ER_info/starting_extensive_listening.htm

Watkins, K. E., Vargha‐Khadem, F., Ashburner, J., Passingham, R. E., Connelly, A., Friston, K. J., et al. (2002). MRI analysis of an inherited speech and language disorder: structural brain abnormalities. *Brain, 125* (3), 465-478. doi: 10.1093/brain/awf057

Wearing, D. (2006). *Forever today: A true story of lost memory and never-ending love.* London: Corgi.

Wei, L. (2000). Unequal election of morphemes in adult second language acquisition. *Applied Linguistics, 21* (1), 106-140. doi: 10.1093/applin/21.1.106

Weldon, M. S., & Coyote, K. C. (1996). Failure to find the picture superiority effect in implicit conceptual memory tests. *Journal of Experimental Psychology: Learning, Memory, and Cognition, 22* (3), 670-686. doi: 10.1037/0278-7393.22.3.670

Wells, J. C. (2006). *English intonation: An introduction.* Cambridge, UK: Cambridge University Press.

Werker, J. F., & Tees, R. C. (1984). Cross-language speech perception: Evidence for perceptual reorganization during the first year of life. *Infant Behavior and Development, 7* (1), 49-63.

West, M. (1953). *A general service list of English words.* London: Longman, Green & Co.

Westminster, U. o. (n.d.). Speaking versus writing Retrieved 02/21, 2012, from http://www2.wmin.ac.uk/eic/learning-skills/literacy/sp_vs_writ_dif.shtml

Whorf, B. L., & Carroll, J. B. (1964). *Language, thought, and reality: Selected writings.* Cambridge, MA: MIT Press.

Wikipedia contributors. (n.d.-a). 0 (number) Retrieved 09/28, 2011, from http://en.wikipedia.org/wiki/0_(number)

Wikipedia contributors. (n.d.-b). Antrograde amnesia Retrieved 01/14, 2012, from http://en.wikipedia.org/wiki/Anterograde_amnesia

Wikipedia contributors. (n.d.-c). Collagen Retrieved 03/13, 2012, from http://en.wikipedia.org/wiki/Telomere

Wikipedia contributors. (n.d.-d). List of alternative names for the human species Retrieved 08/23, 2011, from http://en.wikipedia.org/wiki/List_of_alternative_names_for_the_human_species

Wikipedia contributors. (n.d.-e). Telomere Retrieved 03/13, 2012, from http://en.wikipedia.org/wiki/Telomere

Wildblood, M. (n.d.). Lecture about listening Retrieved 03/06, 2012, from http://asai.indstate.edu/Twenty-first%20Century%20Scholars/TCS%20-%20Lesson%20Plans/TakingClassroomNotes.doc

Williams, J. (2005). Form-focused instruction. In E. Hinkel (Ed.), *Handbook of research in second language teaching and learning* (pp. 671-691). Mahwah, NJ: Erlbaum.

Williams, J. R. (1998). Guidelines for the use of multimedia in instruction. *Proceedings of the Human Factors and Ergonomics Society Annual Meeting, 42* (20), 1447-1451. doi: 10.1177/154193129804202019

Wittgenstein, L. (2010). Project Gutenberg's Tractatus Logico-Philosophicus

Wittgenstein, L., & Anscombe, G. E. M. (1991). *Philosophical investigations: The German text, with a revised English translation 50th anniversary commemorative edition*. Malden, MA: Blackwell Publishing.

Wong, L. (2005). *Essential study skills* (5th ed.). Boston: Wadsworth Cengage Learning.

Wright, A. (1989). *Pictures for language learning*. Cambridge, UK: Cambridge University Press.

Yamashita, J. (2001). Transfer of L1 reading ability to L2 reading: An elaboration of the linguistic threshold. *Studies in Language and Culture, 23* (1), 189-200.

Yamashita, J. (2008). Extensive reading and development of different aspects of L2 proficiency. *System, 36* (4), 661-672. doi: 10.1016/j.system.2008.04.003

Yuan, F., & Ellis, R. (2003). The effects of pre-task planning and on-line planning on fluency, complexity and accuracy in L2 monologic oral production. *Applied Linguistics, 24* (1), 1-27. doi: 10.1093/applin/24.1.1

Zeng, Y. (2007). *Metacognitive instruction in listening: a study of Chinese non-English major undergraduates*. (Unpublished master's thesis), National Institute of Education, Nanyang.

Zhang, W. (2005). *An investigation of the effects of listening programmes on lower secondary students' listening comprehension in PRC*. (Unpublished master's thesis), SEAMEO Regional Language Centre, Singapore.

Ziegler, J., & Ferrand, L. (1998). Orthography shapes the perception of speech: The consistency effect in auditory word recognition. *Psychonomic Bulletin & Review, 5* (4), 683-689. doi: 10.3758/bf03208845

Ziegler, J. C. (2006). Do differences in brain activation challenge universal theories of dyslexia? *Brain and Language, 98* (3), 341-343.

加藤和敏．(2006)．大学における英語リーディング：英語の「多読」コースと「訳読」コース（English Reading Course in College : Translatioh Method or Extensive Reading?）．愛知県立大学文学部論集（英文学科編）(*Bulletin of the Faculty of Literature, Aichi Prefectural University*), 55, 87-99.

金子元久．(2011)．日本の大学教育――三つの問題点 Retrieved 02/16, 2012, from http://www.mext.go.jp/b_menu/shingi/chukyo/chukyo4/015/gijiroku/__icsFiles/afieldfile/2011/09/01/1310371_3.pdf

酒井邦秀．(2002)．快読100万語！：ペーパーバックへの道．東京：筑摩書房．

青谷正妥．(2005)．英語勉強力：成功する超効率学習．東京：DHC．

青谷正妥．(2008)．超★理系留学術．京都：化学同人．

相澤一美, 石川慎一郎, &村田 年．(2005)．JACET 8000 英単語．東京：桐原書店．

竹蓋幸生．(1997)．英語教育の科学：コミュニケーション能力の養成を目指して．東京：株式会社 アルク．

渡辺敦司．(2012)．大学生よ勉強せよ!? 少ない学習時間 Retrieved 02/16, 2012, from http://benesse.jp/blog/20120119/p2.html

東京大学大学院教育学研究科 大学経営・政策研究センター．(2008)．全国大学生調査 Retrieved 02/16, 2012, from http://ump.p.u-tokyo.ac.jp/crump/resource/gakubukei2008_01.pdf

索引

ア 行

アウトプット　3, 33, 36, 76, 80, 82, 95, 99, 106, 109, 110, 111, 124
アウトプット処理　35
アクセント　67
足場　109
穴埋め力　101
暗唱　35
暗黙知　2

医学　8
意識的　6, 15, 41, 47, 114
　──制御　13, 21
　──に制御された処理　62
異次元　89
一経路説　65
1日3時間　27
1万時間　27
一般化可能性　4
一般論　46
遺伝子　40
意図　110
　──や目的　138
意味　30, 51, 63, 94, 126, 129
　──の塊　95
　──の伝達　108
意味重視のアウトプット　33, 36, 80, 99, 106
意味重視のインプット　33, 34, 43, 52, 95
意味処理　35
意味処理能力　58
意味単位レベル　95
意訳　84, 93, 105
韻　31

イントネーション　67
インプット　33, 34, 43, 52, 95, 109, 124, 128
インプット処理　15, 34, 49, 101

ウェルニケ野　19
宇治原史規　143
内側側頭葉　6
運動学的要素　110

英会話は度胸　114
英語学習のフレームワーク　33
英語教育研究者　77
英語教育者　77
英語検定　24
英語多読研究会　71
英語の豊かさ　83
『英語勉強力』　77
英語力養成法　102
英熟語　49
英文和訳　93
AKB48　78
絵の描写　84, 97
L字型　116
塩基　40

応用言語学　82
応用言語学者　77
大粒　128
遅い言語　136
大人の英語学習　28, 47, 48, 116
音の回路　129
音の処理力　130
踊り場　28
おはな　15
オーラル・コミュニケーション　83
音韻　72

音韻学　130
音韻情報　132
音韻処理　129
音韻性失読症　127
音韻ルート　127
音源　53
音声言語　139
音声言語知覚の運動理論　124
音素　19, 60
音読　83, 128, 129

カ 行

外圧　21
外交研修所　26
外国語　21
解析　72
外的発話　79
概念　101
海馬系　6
海馬傍回　6
外部モニター　102
解剖学　60
概訳　84, 93
概論　46
会話　77
書き言葉　120
かくしき　47, 114
学習の四重螺旋　33, 39, 40, 43, 80
学習法　143
学習量　23
学習理論　80
覚醒　22, 25
拡張DEAR　41, 42
拡張力　101
獲得モード　31
格納　30

索　引

各論　46
下限
　——の設定　21
　——を設ける訓練　98
カスタマイズ　143
カスタマイゼーション　143
化石化　33, 42
課題作文　105, 111
塊　38, 49
学校英語　4, 36
活性化　19
活性部位　131
カツ丼　78
活用形　16, 79
関係処理　32
冠詞　6, 24
　——の欠落　90
干渉　63
慣用句　15
慣用表現　31
緩和　124

記憶　6, 29
　——の崩壊　37
記憶痕跡　30
機械的　35
聞き返し　55
規則動詞　6
基底核　6, 9
軌道修正　100
技能　3
基盤構造　119
基本形　16
義務教育　144
逆行性記憶喪失症　8
ギャル曽根　97
吸収
　——学習　47
　——的な習得　63
共起　15
教材・訓練法の三重螺旋　43, 62, 97
教材選択　53
凝縮力　101
強制力　138

協働　32
協働的　38
局所的　72
局所脳血流　19
巨視的　72
キリギリス　135
近代科学　132
筋肉　79
筋肉活動　122
筋肉動作　123

クイズ王　143
具体的トピック　111
具体例　46
口　60
唇　116
句動詞　49
グプタ王朝　139
グローバリゼーション　59
訓練法　143

計画的　47, 114
計画的学習　133
計時　20, 27, 86, 98
形式　73
形式知　2
形式的　15, 47, 114
計時訓練　20, 86
計時ソフトウエア　27
継続学習　22, 26
継続的努力　28, 144
系統的　37
言語以前　79
言語依存的　82
言語遺伝子　9
言語運用能力　119
言語横断的　11
言語化　12, 63, 80, 137
言語学　132
言語学習　2
言語活動　80
言語元年　116
言語形式の学習　33, 37, 40, 43, 47
言語構造　138

言語構築　139
言語システム　5, 13
言語処理ネットワーク　133
言語装置　99
言語体系　135
言語的スタミナ　99
言語的知識　66
言語認識　124
言語能力　4, 138
言語の起源・進化　116
言語の産出　125
言語の進化　76
言語皮質　19
言語要素　36, 52
顕在知　2
検証　144
言説の知識　72
現有戦力　10
　——の拡大　37, 40
　——の最大活用　41
堅牢性　41

語彙　13, 21, 34, 47, 49, 52, 61, 72, 83, 84, 91, 106, 140
語彙習得　16
行為者と被行為者　138
効果　143
高次機能　119
構成　106
高速　25
高速化　21
高速内的モニター機能　123
後天的　132
口頭意訳　93
口頭作文　84, 99
口頭逐次通訳　97
口頭要約　105
口頭和訳　93
構文　34, 47, 72, 79
　——の高度さ　82
項目特定処理　32
効率　16, 143
効率学習　37
声に出して読む力　127
互換性　59

索　引

語順　79
言葉遊び　107
言葉足らず　135
語の選択　80
この場で今与えるフィードバック　103
コミュニケーション　77
コミュニケーション英語　83
コラーゲン　43
語呂合わせ　107
壊れた英語　114
昆虫少年　135

サ　行

再処理　79
最適化　43
最適期　15
再編　23
細胞　40
作業記憶　85
作文をもとに話す　84, 103
Sapir-Whorfの仮説　140
サブスキル　26
サーミ　141
三重螺旋　41, 43, 62, 97
産出　17
三単現のs　3, 5, 13
サンドウィッチ作戦　90
サンフランシスコ　140
「さんまのまんま」　143

GREの作文トピック　100
子音　126
視覚情報　127
視覚的　127
視覚ルート　127
時間制限　20, 38, 107
時間無制限　107
閾値仮説　72
時限訓練　15, 20
時限訓練15/45　84, 85
時限練習　106
思考・概念　63, 134, 137, 141
思考・思索　135

自己流　46
示差的処理　29, 31
時事ニュース　61
事象関連電位　129
辞書の発音　83
指数関数的　37
静かに音読　129
自然言語　139
　──の類似性　139
自然性　133
自然な習得順序　6
自然発生　121
実況中継　98
自動化　19, 62, 94
自動処理　12
自動性　10, 12, 16, 28, 77, 83, 85, 112
　──の養成　14
　──養成　13, 95
自動操縦　48
自動的　6, 41, 138
自動的運用　13
自動的言語使用　13
自分との会話　140
字幕　55, 69
シミュレーション回路　123
弱点　41
　──の前景化　35, 99
ジャパンタウン　140
習熟　10, 11
習熟度　82
修正フィードバック　42, 103
集中力　57, 137
柔軟性　4, 41
10年　27
10年・1万時間　26, 27
十分な宣言的知識　108
自由訳　84, 93
熟成　22
熟達　26, 66
熟練　26
受験生　15, 89
主語と述語　138
取捨選択　49
受動態　54

受容型のスキル　65
受容スキル　109
手話　117, 130, 139
瞬発力　91
上級者　23, 26
上級通訳者　64
上限
　──の設定　20
　──を設ける時限訓練　98
小脳　6, 9
情報量　141
初期指令　123
初期設定　48
所有格　6
処理水準　29
処理能力　24, 52, 54, 58, 66, 70, 137
処理の深さ　31
処理力養成　52, 70
深化　116
進化　116
神経　79
神経系　13, 83
進行形　6
人工的　120
新生児　116
新線条体　6
進歩　28
　──が階段状　28
心理学　8, 29
人類の進化　120

推敲　106
推測　72
数学　2
数値認識力　139
スクリプト　52, 56, 61, 62, 70, 71
鈴虫　145
スピーキング　60, 64, 68, 71, 76, 85, 90, 101, 106, 109, 110, 111, 118, 119, 120, 121, 122, 124, 126
　──がけん引する英語運用力の養成　116

スピーチ　117, 122, 123, 124
スピード　21, 52, 60, 92, 112, 137
　　——の目安　112
スペリング　30, 60, 66
スペル　51
ズレ訳　84, 93

正確さ　82
制御　6
制御的処理　12, 83
整合性検証　123
精書　50
正書法　72
成人英語学習者　5
生息環境　49
声帯　116, 122
声帯・声道想定動作　123
精聴　50
声道　116, 122
静読　66
精読　40, 70, 73, 76
精読的内容　73
精と多　40, 43, 52
生物進化　76
生理学　129
精話　50
世界最低　121
説得力　77
ゼロ　139
漸近的に　90
前景化　42, 43
宣言的知識　2, 6, 7, 8, 11, 15, 17, 21, 23, 25, 28, 35, 37, 38, 40, 41, 47, 49, 52, 61, 62, 70, 73, 77, 101, 108, 112
　　——の大切さ　47
前向性記憶喪失症　7
潜在知　2
線条体　6
全体構成　92
全体構想　107
前帯状皮質　6
全体的　72
前置詞　99

相違点　32
総学習時間　34, 39
相関関係　121
総合的視覚情報　139
創作力　101
相乗効果　37
創造物　120
想定されるスピーチ　123
双方向的言語使用　77
相補的関係　2
属性　129
組織化　32
組織的　47, 114
組織的フレームワーク　135

タ　行

第一言語　16
第一言語習得　134
対戦型ゲーム　10
第二言語　16
第二言語習得　52, 144
第二言語習得研究者　144
タイマー　27
大量学習　15, 16, 38, 76
大量処理練習　65
大量練習　62
第六感　135
対話力　77
多角的　47, 114
高橋みなみ　78
たかみな　78
多書　50
多聴　50
楯の会　140
多読　40, 50, 66, 70, 76
多読訓練　66
多読重視　74
多読の要素　74
多読練習　73
他人の間違いから学ぶ　112
種まき　103
多様性　62, 69, 97
多様・包括・統合　43

多話　50
段階的読本　71
短期記憶　30, 85
単語　6, 8, 10, 15, 16, 19, 25, 30, 35, 49, 51, 52, 60, 63, 70, 73, 83, 108, 126, 127, 128, 129, 136
単語単位　126
単語認知　60, 66, 71
単語レベルの音読　127
単独世界最下位　118

知覚　135
逐語的和文英訳　105
逐語訳　93
知識の二重螺旋　2, 7, 29, 40, 43
緻密学習　109
中間言語　32
忠誠宣誓　19
聴解　34
聴解回路　79
聴解力　25
聴解力養成　68
聴覚障害者　139
聴覚情報　127
鳥瞰図　104
長期記憶　29, 85
長期戦　24
超能力　144
長文聴解　13
直接的　17
直感的　138
直結経路　128
直結ルート　126

通じれば良い　114
通訳　64
続ける才能　24
徒然草　73

ディクテーション　65, 124
定型表現　37
低次機能　119
定性　22
定性的　66

索　引

定着　17
定量化　22, 66
データベース　25, 41
『哲学探究』　141
手続き的知識　2, 6, 7, 8, 9, 11, 16, 18, 21, 23, 24, 25, 28, 37, 39, 41, 52, 60, 62, 77, 80, 108
手続き的知識化　25, 62, 77
テロメア　40
転移適切性処理　29, 30, 62, 90, 106
転移不適切性処理　91
電子辞書　51
転写　9

動画版　98
動機　24
統計処理　22
統合　72
統合的　20, 101
同時多発　58
同時通訳　97
統制　12
統制的　41
特殊性　128
独創性　82
どじサイクル　111
都市伝説　65
特化　120
読解　34
読解力養成　68
TOEFL　24, 55, 57, 60, 62, 72, 85, 87, 107, 118
　──の作文トピック　100
　──のスピーキング　100, 103
　──のリスニング　52
　──iBT のスピーキングセクション　85
トライアングルモデル　127
取り出し　30, 32
取り出しモード　31

ナ　行

内圧　21
内在化　12, 13
内的作文　111
内的発声　123
内的発話　79, 110
内容構成　100
納得ずく　46, 143
難読症　127, 129
二経路説　65, 109
二重経路モデル　127, 128
二重螺旋　2, 7, 29, 40, 41, 43, 52,
日本の典型的な英語教育　11
二面性　41
ニュース　56
認知機能　5

ネアンデルタール　116
ネイティブスピーカー　3, 6, 13, 21, 36, 55, 64, 72, 84, 94, 95, 101, 108, 113, 114, 131, 132
ネイティブモード　108
年 100 万語　76

脳科学　76, 116
脳機能　80
能動態・受動態　138
脳内　79
　──の聴解システム　123
脳内機能　82
脳内領域　13
喉　60, 116, 122
ノート取り　137
ノーマルスピード　51

ハ　行

媒体　121
派生形　16
発音　30, 51, 66, 77, 80, 126, 127

　──の変性　60
発音情報　111
発信型スキル　68
発信スキル　109
発声　77, 105, 123
発声動作　123
発声法　83
発達順序　6
発達心理学　76
発話　19, 20, 22, 24, 77, 78, 79, 80, 81, 82, 83, 86, 90, 91, 102, 103, 104, 110, 111, 117, 121, 122, 123, 125, 128, 135, 137, 141
　──の制御部　123
　──のための内容の仕分け　80
発話装置　82
話し言葉　120
　──の優位性　129
話し言葉主導　132
話すための特別な思考法　81
「話す」の 4 側面　77
速い思考　136
反復学習　15, 17
反復練習　62
汎用性　4

被殻　9
鼻腔　116
非言語的要因　13
皮質領域　6
微視的　72
非線形　58
微調整　73
ヒト科　132
ヒトとことば　116
独り言　140
一人時間差　104
百聞は一見に如かず　128
100 万語　65
表意文字　128
表音文字　126
表記・発音変換ルート　127
表現　21, 35, 47, 49, 52, 108,

140
——の巧みさ　82
ピラハン　139
比例　24
敏感期　15
品質管理　104, 122
頻出表現　49

15/45　105
15/45 訓練　21
フィルター　81
不規則動詞　6
複合体　121
副次教材　55
複数形　6
符号化　32
付随的　17, 34
物理的音　123
物理的発声　123
不定詞　138
普遍的　4
プリンストン高等研究所　140
プリンストン大学　118, 140
ブローカ野　9, 19, 125
文の巧みさ　108
文法　16, 18, 34, 47, 79, 80, 82, 91, 140
文法遺伝子　9
文法構造　16, 82
並列処理　13, 21, 77, 85, 88, 90, 103, 104
——能力　12
——力　77
ペラペラ　10
変換器　123

母音　126
包括性　62
包括的トピック　111
忙殺　107
傍シルビウス裂皮質　6
飽和状態　103
母語話者　2, 5, 79
本格的　47

本能　135
本能的　138

マ　行

毎年100万語　67, 70
前処理　35, 109
マクロ　11
マクロレベル　101
マスキング　25
貧しい英語　95
貧しい言語　136
マニュアル　143
丸覚え　15
漫然　75

三島由紀夫　140
ミニトーク　99
耳コピー　51
ミラーニューロン　117

無意識　6, 41

明示的　16, 17

目的語　138
黙読　129
文字　119, 129
文字群　128
文字や文字群単位　126
モニター　37
モニター機能　42
模範作文　74

ヤ　行

訳読授業　67
訳読法　4

優位性　76, 116
有機化　85
融通化　106
豊かな思考　136

要約　84, 101

吉本興業　143
予測　58, 72
予測力　101
四つの装置　84
呼び出し　72
読み返し　55
4技能の養成法　112
四重螺旋　33, 39, 40, 43, 80

ラ　行

ライティング　68, 76, 106, 109, 110, 111, 120
ラセミ化　7
螺旋状　2

リスニング　15, 25, 49, 50, 57, 61, 62, 64, 65, 66, 67, 68, 70, 71, 73, 76, 85, 101, 119, 120, 121, 122, 123, 124, 130
リーディング　15, 34, 49, 50, 57, 64, 65, 66, 67, 68, 70, 71, 73, 76, 85, 101, 120, 121, 126, 130
略訳　84, 93, 105
流暢　9
流暢さ　10, 11, 12, 14, 22, 24, 33, 36, 38, 40, 43, 50, 60, 66, 67, 71, 77, 91, 95, 100
——の養成　33
——養成　14
量子飛躍　23
量的制限　107
臨機応変　100

類似性　32, 130

レシピ　4
劣化　30
連語　37, 129
連合皮質　6
練習量　24
連続音声　60
連続的　3, 60

老化　40
録音　84
録音チェック　104
ロングトーク　99
『論理哲学論考』　140

ワ行

話術　77
和文英訳　31, 36, 106

Index

A

Accuracy　82
ACT-R Model　28
Amazing Slow Downer　55
Ambiguous Representation　41, 108
analysis　72
anchoring　61
anterior cingulate cortex　6
anterograde amnesia　7
area Spt　125
Articulation　79, 83
Articulator　79
associative cortex　6
asymptotically　90
Audacity　55
authentic language use　34
authentic written English　73
automatic processing　12
automaticity　12, 62
auto-piloting　48

B

ballistic　12
Barron's　55, 74
Barron's Educational Series　74
basal ganglia　6, 9
BBC World Service　69
Box, G. E. P.　80

Broca's area　9, 19, 125

C

caption　69
cerebellum　6, 9
Chomsky, N.　141
chunks　49, 95, 129
CNN　24
coaction　32
collagen　43
Collection of Errors　112
Complexity　82
Comprehensiveness　62
concentration　57
concept　101
conceptualization　78, 81, 94, 97, 105
Conceptualizer　78, 81, 86, 92, 94, 97, 110
connected speech　60
consciousness　37
Consecutive Oral Translation　97
controlled process　12, 62
convergence　90
cookbook　5
Corrective Feedback　42, 80, 99, 103
cortical area　6
covert composition　111
covert speech　79, 110
cross-linguistic　11

current topics　61

D

Database of Errors and Ambiguous Representations (DEAR)　41, 107
DEAR　41, 62, 80, 99, 107, 108, 109, 112
declarative knowledge　2, 6, 33
decoding　32
deep processing　43
Depth and Breadth　40
Depth of Processing　31
Detail-Oriented　40
developmental sequence　6
direct route　126
Distinctive Processing　29, 31
Diversity　62, 69, 97
Diversity, Comprehensiveness, and Integration　43
DNA　40
Dual Process View　65, 109
dual-route model　127
Dynamic/Continuous Optimization　43
dyslexia　129

E

editing　108
Educational Testing Service

（ETS) 74, 107
effortless 12
ELLLO 69
encode 31
encoding 32
ERP 129
Error 108
Error Correction 112
ESL Podcasts 69
Ethnologue 119
ETS 55, 74, 88, 92, 107
Event Related Potential 129
expertise 26, 28, 68
explicit knowledge 2
Extended DEAR 42
Extensive Exercise 40
extensive listening 50, 64, 67
extensive reading 50, 65, 66, 71
extensive speaking 50
extensive writing 50
external monitor 102
extralinguistic factors 13, 78

F

fast 12
15/45 Exercise 84, 85, 88, 90, 95
final frontier 64
fine tuning 73
flexibility 4
FLUENCY 10, 11, 20, 22, 25, 28, 33, 38, 70, 72, 82, 108
fluency 10, 11, 20, 22, 38, 39, 41, 52, 58, 70, 73, 76, 82, 95, 99, 106, 107
Fluency Development 33
fluent 10
fluently 10
foregrounding 42
foregrounding of linguistic shortcomings 35
Foreign Service Institute 26
form-meaning correspondence

25
formulaic sequences 37
formulation 78, 81
Formulator 78, 81, 86, 88, 92, 94, 95, 98, 110
fossilization 33
fossilize 42
FOXP2 9
free conversation 102
Free Oral Translation 93
Free Translation 84, 93, 98
from above and from below 90

G

generalizability 4
graded readers 71
grammar items 18
Grammar Translation Method 4
GRE 74, 103
——の作文トピック 100
——Analytical Writing Argument Topics 75
——Analytical Writing Issue Topics 74, 107

H

Heinle 55, 74
here-and-now feedback 103
hippocampal system 6
holistic 72
homesign 139
Homo demens 132
Homo inermis 132
Homo loquens 132
Homo mendax 132
Homo necans 132
Homo patiens 132
Homo sanguinis 132
Homo sapiens 132

I

implicit knowledge 2
Implicit-Explicit Dichotomy 43
incidental 34
inference 72
integrative 101
Intensive Exercise 40
Intensive Reading 73
Intensive-Extensive Dichotomy 40, 52
Interactive Language Use 77
interference 16, 63
interlanguage 32
internalized 12
internet-Based TOEFL 57
Item-Specific Processing 32

K

Kaplan 55, 74
Keene, D. 140
Klein, R. G. 116
knowing how 3
knowing that 3
knowing what 3

L

L1 16
L2 16
landing 100
language 117
language cortex 19
Language-Focused Learning 33, 37
language-independent 94
language-specific 82
large grain size 128
learn by osmosis 47
Learning English 69
Levels of Processing 29, 36, 43, 62, 99

Levelt 78, 79, 81, 104, 105, 122, 141
――の発話過程 141
――の発話モデル 78
――のモデル 79, 81, 104, 105, 122
Liberman 132
Liberman, A. M. 120
Linguistic Threshold Hypothesis 72
listen like a speaker 36
load independent 12
local 72
Longman 55, 74
long-term memory 85
looping 58
L字型 116

M

macroscopic 72
Meaning-Focused Input 33
Meaning-Focused Output 33, 106
medial temporal lobe 6
memory trace 30, 99
microscopic 72
mirror neurons 117
misleading 47
mnemonics 107
Monitor 79, 99, 103, 108
monitoring 79, 103, 104
motor theory of speech perception 124
moving target 98

N

Nation, P. 15, 33, 37, 38, 50, 83
natural sequence 6
neostriatum 6
nine nines 65

O

One-Way Presentation Task 102
Optimization 43
Oral Composition 84, 99, 109
Oral Translation 93
Output Hypothesis 35
overt speech 79

P

Pair Discussion 102, 103
Pair Work 84, 102
Paper-Based TOEFL 57
Paradis, M. 12, 17
parahippocampal gyri 6
passive voice 54
perisylvian cortical areas 6
Philosophical Investigations 141
phoneme 19, 60
phonological dyslexia 127
phonological route 127
phonology 130
phrasal verbs 49
pick and choose 49
Picture Task 84, 97
Pirahã 139
the Pledge of Allegiance 19
PMv/pIFG area 125
prediction 72
Princeton Review 55, 74
procedularize 25
procedural knowledge 2, 6, 33
proceduralization 62
productive skills 68, 109
proficiency 10
Pulitzer Prize 28
punchline 99
putamen 9

Q

quantum jump 23
quantum leap 23
quick and crisp 102

R

rapid internal monitoring function 123
rCBF 19
read like a writer 36
receptive skills 65, 109
Recording 84, 104
reflex 91
regional cerebral blood flow 19
rehearsal 85
Relational Processing 32
retrieval 30, 32, 72
retrograde amnesia 8
revising 108
rhyme 31
Right to Speak 103
Russell, B. 141

S

Saami 141
Sapir-Whorf Hypothesis 140
scaffolding 109
Scribe 110
script 52
seeding 103
self-assessment 83
sensitivity 37
short-term memory 85
sign language 117
Simultaneous Translation 97
Slobin, D. I. 81
Sound Forge 53, 55
Special English 53, 54, 55, 60, 61, 67, 71
Speech 122, 124

speech 117, 124
Spotlight Radio 69
storage 30
Storyline Online 69
striatum 6
subtitle 69
Summary Task 84, 101
supra-linguistic ability 77
Swain, M. 35, 80
syntax 18, 34
synthesis 72

T

Thinking for Speaking Filter (ThiS) 80
Thinking-for-Speaking Filter 94, 95, 98
timed practice 38
Time-on-Task 34
TOEFL 24, 55, 57, 60, 62, 72, 85, 87, 107, 118
—— のリスニング 52
—— Essays 74
—— iBT 13, 25, 57
—— iBT のスピーキングセクション 85
—— iBT Reading Section

74
—— PBT 24, 57
—— Writing Topics 107
TOEIC 25, 66
Tractatus Logico-Philosophicus 140
transcription 9
Transfer Appropriate Processing 29, 30, 34, 36, 38, 49, 62, 90, 106
Transfer Inappropriate Processing 91
triangle model 127
Triple Helix of Materials and Training Regimen 43, 62

U

unconscious 12
Unitary Process View 65
Unitization 18
universal 4
universal applicability 4
urban legend 65

V

Visual Word Form Area 128

vocabulary 5, 13
Voice of America (VOA) 53, 55, 60, 61, 67, 68, 71, 102
Volume-Orientation 40, 52
VWFA 128

W

WASP 103
WELL 42
Wernicke's area 19
Witten, E. 140
Wittgenstein, L. J. J. 140
word family 16
word recognition 60, 71
Words and Expressions to be Learned Later (WELL) 42
working memory 85
WPM 52, 90, 92
Write and Speak 84, 103
Write to Speak 103
writing 108

Y

YouTube 69

著者略歴

青谷 正妥(あおたに まさやす)

1954 年　大阪市生まれ
京都大学理学部卒（化学）
理学博士（数学：カリフォルニア大学バークレー校 Ph.D.）
教育学博士（英語教育・第二言語習得：テンプル大学 Ed.D.）
TOEFL iBT 120 点，TOEFL CBT 300 点，TOEIC 990 点（すべて満点）
英語検定 1 級
現在，京都大学国際交流推進機構准教授
　京都大学大学院在学中に渡米し，20 年間滞米。プリンストン大学，カリフォルニア大学，MIT を含む 4 短大・11 大学で化学・数学・物理学・統計学・第二言語習得などを教える。またシリコンバレーなどで 10 年間の企業経験を持つ。最近は英語教育にも特に力を入れている。
　モットーは「人がやらないこともやる」「口から血を吐くほどの努力」「挑戦は続き続ける」「死ぬまで少年」「人生バラエティーに富め」など
主な著書：
『英語勉強力』（DHC，2005 年）
『情報社会とコンピュータ』（昭晃堂，2005 年：共著，第 1 章）
『超★理系留学術』（化学同人，2008 年）

英語学習論
―スピーキングと総合力―

定価はカバーに表示

2012 年 9 月 25 日　初版第 1 刷
2023 年 5 月 25 日　　　第10刷

著　者　青　谷　正　妥
発行者　朝　倉　誠　造
発行所　株式会社　朝倉書店

東京都新宿区新小川町 6-29
郵便番号　162-8707
電　話　03(3260)0141
Ｆ Ａ Ｘ　03(3260)0180
http://www.asakura.co.jp

〈検印省略〉

© 2012〈無断複写・転載を禁ず〉

Printed in Korea

ISBN 978-4-254-10260-4　C 3040

JCOPY ＜出版者著作権管理機構 委託出版物＞
本書の無断複写は著作権法上での例外を除き禁じられています．複写される場合は，そのつど事前に，出版者著作権管理機構（電話 03-5244-5088, FAX 03-5244-5089, e-mail: info@jcopy.or.jp）の許諾を得てください．

核融合科学研 廣岡慶彦著

理科系の ための 入門英語プレゼンテーション
［CD付改訂版］

10250-5 C3040　　　A 5 判 136頁 本体2600円

著者の体験に基づく豊富な実例を用いてプレゼン英語を初歩から解説する入門編。ネイティブスピーカー音読のＣＤを付してパワーアップ。〔内容〕予備知識／準備と実践／質疑応答／国際会議出席に関連した英語／付録（予備練習）／重要表現他

核融合科学研 廣岡慶彦著

理科系の ための 実戦英語プレゼンテーション
［CD付改訂版］

10265-9 C3040　　　A 5 判 136頁 本体2800円

豊富な実例を駆使してプレゼン英語を解説。質問に答えられないときの切り抜け方など，とっておきのコツも伝授。音読CD付〔内容〕心構え／発表のアウトライン／研究背景・動機の説明／研究方法の説明／結果と考察／質疑応答／重要表現

核融合科学研 廣岡慶彦著

理科系の ための 状況・レベル別英語コミュニケーション

10189-8 C3040　　　A 5 判 136頁 本体2700円

国際会議や海外で遭遇する諸状況を想定し，円滑な意思疎通に必須の技術・知識を伝授。〔内容〕国際会議・ワークショップ参加申込み／物品注文と納期確認／日常会話基礎：大学・研究所での一日／会食でのやりとり／訪問予約電話／重要表現他

前広大 坂和正敏・名市大 坂和秀晃・南山大 Marc Bremer著

自然・社会科学 者のための 英文Eメールの書き方

10258-1 C3040　　　A 5 判 200頁 本体2800円

海外の科学者・研究者との交流を深めるため，礼儀正しく，簡潔かつ正確で読みやすく，短時間で用件を伝える能力を養うためのEメールの実例集である〔内容〕一般文例と表現／依頼と通知／訪問と受け入れ／海外留学／国際会議／学術論文／他

岡山大 塚本真也・高橋志織著

学生のための プレゼン上達の方法
―トレーニングとビジュアル化―

10261-1 C3040　　　A 5 判 164頁 本体2300円

プレゼンテーションを効果的に行うためのポイント・練習法をたくさんの写真や具体例を用いてわかりやすく解説。〔内容〕話すスピード／アイコンタクト／ジェスチャー／原稿作成／ツール／ビジュアル化・デザインなど

核融合科学研 廣岡慶彦著

理科系の ための ［学会・留学］英会話テクニック
［ＣＤ付］

10263-5 C3040　　　A 5 判 136頁 本体2600円

学会発表や研究留学の様々な場面で役立つ英会話のコツを伝授。〔内容〕国際会議に出席する／学会発表の基礎と質疑応答／会議などで座長を務める／受け入れ機関を初めて訪問する／実験に参加する／講義・セミナーを行う／文献の取り寄せ他

核融合科学研 廣岡慶彦著

理科系の ための 実戦英語プレゼンテーション
［CD付改訂版］

10265-9 C3040　　　A 5 判 136頁 本体2800円

豊富な実例を駆使してプレゼン英語を解説。質問に答えられないときの切り抜け方など，とっておきのコツも伝授。音読CD付〔内容〕心構え／発表のアウトライン／研究背景・動機の説明／研究方法の説明／結果と考察／質疑応答／重要表現

千葉大 斎藤恭一・千葉大 ベンソン華子著

書ける！　理系英語　例文77

10268-0 C3040　　　A 5 判 160頁 本体2300円

欧米の教科書を例に，ステップアップで英作文を身につける。演習・コラムも充実。〔内容〕ウルトラ基本セブン表現／短い文（強力動詞を使いこなす）／少し長い文（分詞・不定詞・関係詞）／長い文（接続詞）／徹底演習（穴埋め・作文）

前北大 松永義夫編著

化学英語［精選］文例辞典

14100-9 C3543　　　A 5 判 776頁 本体14000円

化学系の英語論文の執筆・理解に役立つ良質な文例を，学会で英文校閲を務めてきた編集者が精選。化学諸領域の主要ジャーナルや定番教科書などを参考に「よい例文」を収集・作成した。文例は主要語ごと（ABC順）に掲載。各用語には論文執筆に際して注意すべき事項や英語の知識を加えた他，言葉の選択に便利な同義語・類義語情報も付した。巻末には和英対照索引を付し検索に配慮。本文データのPC上での検索も可能とした。

上記価格（税別）は 2023 年 4 月現在